Die Bibel mit Bildern von Lisbeth Zwerger

ISBN 3-438-01666-4 (Deutsche Bibelgesellschaft)
ISBN 3-460-30670-X (Verlag Katholisches Bibelwerk)


Bibeltext: Gute Nachricht Bibel, durchgesehene Ausgabe
in neuer Rechtschreibung

Einführungen: Hannelore Jahr
Redaktion: Hannelore Jahr, Mathias Jeschke, Herbert Wilfart
Einband und Gestaltung: Michael Neugebauer, Salzburg
Satz: Internet@Grafik Hofer, Salzburg
Druck: Grafiche AZ, Verona
Printed in Italy

# DIE BIBEL

**Ausgewählte Texte**
**mit Bildern von Lisbeth Zwerger**

**Deutsche Bibelgesellschaft**
**Verlag Katholisches Bibelwerk**

## Inhaltsverzeichnis

## Geschichten vom Anfang

*Die Erzählungen aus den ersten elf Kapiteln der Bibel handeln von der »Urgeschichte« der Menschheit und der Welt. Von der Schöpfung, mit der alles anfängt, über Paradies und Sündenfall spannt sich der Bogen hin zu einer Welt voll Mühe und Leid, über die dennoch Gott seine Hand hält.*

*»Am Anfang schuf Gott Himmel und Erde.« – Wie eine Überschrift steht dieser Satz über allem Folgenden. Dass wir als Menschen leben inmitten einer Welt, die voller Licht und Farbe ist, in der Wasser fließt und Berge sich erheben, in der Pflanzen wachsen und Tiere sich tummeln, im Rhythmus von Tag und Nacht, Monat und Jahr, Alltag und Fest – das alles sind Staunen erregende Wunder. Man kann die Schöpfungserzählung (S. 6–9) als einen Lobpreis lesen, der für dieses Geschenk »danke« sagt. In ähnlicher Weise endet die Erzählung von der Erschaffung des Menschen (S. 10–11) mit dem dankbaren Lob für das Wunder der Liebe, die das Leben erst lebenswert macht.*

*Doch dem hymnischen Auftakt folgt die Beschreibung des Undanks und der zerbrochenen Gottesbeziehung, die die Realität des Menschenlebens darstellt. Der Mensch will »wie Gott sein und wissen, was gut und was schlecht ist«. In seinem Streben, immer mehr zu sein, zu wissen und zu haben, zerbricht er die Beziehung des vertrauensvollen Gehorsams zu Gott. Schuldig werden ist nun unvermeidbar Teil seines Lebens. In der anschließenden Geschichte von Kain, der seinem Bruder Abel den Erfolg neidet und ihn erschlägt (S. 14–15), wird die Folge dieses verhängnisvollen Strebens nach »Immer mehr« deutlich.*

*Es gehört zu den tiefgründigsten Weisheiten, die die Urgeschichte vermittelt, dass Gott sein Geschöpf nicht im Stich lässt. Treu steht er zum Menschen und zu der Welt, die er geschaffen hat – auch wenn sich der Mensch immer wieder von ihm abwendet und an seinem Mitgeschöpf schuldig wird. Die Spannung zwischen der übergroßen Schuld der Menschheit und der Treue Gottes kommt in der Sintflutgeschichte (S. 16–19) zu ihrem Höhepunkt. Hier wird der selbstzerstörerische Charakter der menschlichen Bosheit sichtbar, hier steht am Ende aber auch die durch das Zeichen des Regenbogens bekräftigte Zusage Gottes, dass er »die Erde nicht noch einmal bestrafen will, nur weil die Menschen so schlecht sind«.*

**Die Erschaffung der Welt**

Am Anfang schuf Gott Himmel und Erde.
Die Erde war noch leer und öde,
Dunkel bedeckte sie und wogendes Wasser,
und über den Fluten schwebte Gottes Geist.

Da sprach Gott: »Licht entstehe!«,
und das Licht strahlte auf.
Und Gott sah das Licht an:
Es war gut.
Dann trennte Gott das Licht von der Dunkelheit
und nannte das Licht Tag,
die Dunkelheit Nacht.
Es wurde Abend und wieder Morgen:
der erste Tag.

Dann sprach Gott:
»Im Wasser soll ein Gewölbe entstehen,
eine Scheidewand zwischen den Wassermassen!«
So geschah es: Gott machte ein Gewölbe
und trennte so das Wasser unter dem Gewölbe
von dem Wasser, das darüber war.
Und Gott nannte das Gewölbe Himmel.
Es wurde Abend und wieder Morgen:
der zweite Tag.



Dann sprach Gott:
»Das Wasser unter dem Himmelsgewölbe
soll sich alles an *einer* Stelle sammeln,
damit das Land hervortritt.«
So geschah es.
Und Gott nannte das Land Erde,
die Sammlung des Wassers nannte er Meer.
Und Gott sah das alles an: Es war gut.

Dann sprach Gott:
»Die Erde lasse frisches Grün aufsprießen,
Pflanzen und Bäume von jeder Art,
die Samen und samenhaltige Früchte tragen!«
So geschah es:
Die Erde brachte frisches Grün hervor,
Pflanzen jeder Art mit ihren Samen
und alle Arten von Bäumen
mit samenhaltigen Früchten.
Und Gott sah das alles an: Es war gut.
Es wurde Abend und wieder Morgen:
der dritte Tag.

Dann sprach Gott:
»Am Himmel sollen Lichter entstehen,
die Tag und Nacht voneinander scheiden, leuchtende Zeichen,
um die Zeiten zu bestimmen:
Tage und Feste und Jahre.

Sie sollen am Himmelsgewölbe leuchten,
damit sie der Erde Licht geben.«
So geschah es:
Gott machte zwei große Lichter,
ein größeres, das den Tag beherrscht,
und ein kleineres für die Nacht,
dazu auch das ganze Heer der Sterne.
Gott setzte sie an das Himmelsgewölbe,
damit sie der Erde Licht geben,
den Tag und die Nacht regieren
und Licht und Dunkelheit voneinander
scheiden.
Und Gott sah das alles an: Es war gut.
Es wurde Abend und wieder Morgen:
der vierte Tag.

Dann sprach Gott:
»Das Wasser soll von Leben wimmeln,
und in der Luft sollen Vögel fliegen!«
So schuf Gott die Seeungeheuer
und alle Arten von Wassertieren,
ebenso jede Art von Vögeln
und geflügelten Tieren.
Und Gott sah das alles an: Es war gut.
Und Gott segnete seine Geschöpfe
und sagte:
»Seid fruchtbar, vermehrt euch
und füllt die Meere,
und ihr Vögel, vermehrt euch auf
der Erde!«
Es wurde Abend und wieder Morgen:
der fünfte Tag.

Dann sprach Gott:
»Die Erde soll Leben hervorbringen:
alle Arten von Vieh und wilden Tieren
und alles, was auf der Erde kriecht.«
So geschah es.
Gott machte die wilden Tiere und das
Vieh
und alles, was auf dem Boden kriecht,
alle die verschiedenen Arten.
Und Gott sah das alles an: Es war gut.

Dann sprach Gott:
»Nun wollen wir Menschen machen,
ein Abbild von uns, das uns ähnlich ist!
Sie sollen Macht haben über die Fische
im Meer, über die Vögel in der Luft,
über das Vieh und alle Tiere auf der
Erde und über alles, was auf dem
Boden kriecht.«
So schuf Gott die Menschen nach
seinem Bild,
als Gottes Ebenbild schuf er sie
und schuf sie als Mann und als Frau.
Und Gott segnete die Menschen
und sagte zu ihnen:
»Seid fruchtbar und vermehrt euch!
Füllt die ganze Erde und nehmt sie in
Besitz!
Ich setze euch über die Fische im Meer,
die Vögel in der Luft
und alle Tiere, die auf der Erde leben,
und vertraue sie eurer Fürsorge an.«

Weiter sagte Gott zu den Menschen:
»Als Nahrung gebe ich euch die Samen der Pflanzen
und die Früchte, die an den Bäumen wachsen,
überall auf der ganzen Erde.
Den Landtieren aber und den Vögeln
und allem, was auf dem Boden kriecht,
allen Geschöpfen, die den Lebenshauch in sich tragen,
weise ich Gräser und Blätter zur Nahrung zu.«
So geschah es.

Und Gott sah alles an, was er geschaffen hatte,
und sah: Es war alles sehr gut.
Es wurde Abend und wieder Morgen:
der sechste Tag.

So entstanden Himmel und Erde mit allem, was lebt.
Am siebten Tag hatte Gott sein Werk vollendet
und ruhte von aller seiner Arbeit aus.
Und Gott segnete den siebten Tag
und erklärte ihn zu einem heiligen Tag,
der ihm gehört,
denn an diesem Tag ruhte Gott,
nachdem er sein Schöpfungswerk vollbracht hatte.

Dies ist die Geschichte der Entstehung von Himmel und Erde;
so hat Gott sie geschaffen.

**Das Paradies**

Als Gott, der Herr, Erde und Himmel machte, gab es zunächst noch kein Gras und keinen Busch in der Steppe; denn Gott hatte es noch nicht regnen lassen. Es war auch noch niemand da, der das Land bearbeiten konnte. Nur aus der Erde stieg Wasser auf und tränkte den Boden.

Da nahm Gott, der Herr, Staub von der Erde, formte daraus den Menschen und blies ihm den Lebensatem in die Nase. So wurde der Mensch ein lebendes Wesen.

Dann legte Gott im Osten, in der Landschaft Eden, einen Garten an. Er ließ aus der Erde alle Arten von Bäumen wachsen. Es waren prächtige Bäume und ihre Früchte schmeckten gut. Dorthin brachte Gott den Menschen, den er gemacht hatte.

In der Mitte des Gartens wuchsen zwei besondere Bäume: der Baum des Lebens, dessen Früchte Unsterblichkeit schenken, und der Baum der Erkenntnis, dessen Früchte das Wissen verteilen, was für den Menschen gut und was für ihn schlecht ist.

In Eden entspringt ein Strom. Er bewässert den Garten und teilt sich dann in vier Ströme. Der erste heißt Pischon; er fließt rund um das Land Hawila, wo es Gold gibt. Das Gold dieses Landes ist ganz rein, außerdem gibt es dort kostbares Harz und den Edelstein Karneol. Der zweite Strom heißt Gihon; er fließt rund um das Land Kusch. Der dritte Strom, der Tigris, fließt östlich von Assur. Der vierte Strom ist der Eufrat.

Gott, der Herr, brachte also den Menschen in den Garten Eden. Er übertrug ihm die Aufgabe, den Garten zu pflegen und zu schützen. Weiter sagte er zu ihm: »Du darfst von allen Bäumen des Gartens essen, nur nicht vom Baum der Erkenntnis. Sonst musst du sterben.«

Gott, der Herr, dachte: »Es ist nicht gut, dass der Mensch so allein ist. Ich will ein Wesen schaffen, das ihm hilft und das zu ihm passt.« So formte Gott aus Erde die Tiere des Feldes und die Vögel.

Dann brachte er sie zu dem Menschen, um zu sehen, wie er jedes Einzelne nennen würde; denn so sollten sie heißen.

Der Mensch gab dem Vieh, den wilden Tieren und den Vögeln ihre Namen, doch unter allen Tieren fand sich keins, das ihm helfen konnte und zu ihm passte.

Da versetzte Gott, der Herr, den Menschen in einen tiefen Schlaf, nahm eine seiner Rippen heraus und füllte die Stelle mit Fleisch. Aus der Rippe machte er eine Frau und brachte sie zu dem Menschen. Der freute sich und rief:

»Endlich! Sie ist's!
Eine wie ich!
Sie gehört zu mir,
denn von mir ist sie genommen.«

Deshalb verlässt ein Mann Vater und Mutter, um mit seiner Frau zu leben. Die zwei sind dann eins, mit Leib und Seele.

Die beiden waren nackt, aber sie schämten sich nicht voreinander.

**Die Menschen müssen das Paradies verlassen**

Die Schlange war das klügste von allen Tieren des Feldes, die Gott, der Herr, gemacht hatte. Sie fragte die Frau: »Hat Gott wirklich gesagt: ›Ihr dürft die Früchte von den Bäumen im Garten nicht essen‹?«

»Natürlich dürfen wir sie essen«, erwiderte die Frau, »nur nicht die Früchte von dem Baum in der Mitte des Gartens. Gott hat gesagt: ›Esst nicht davon, berührt sie nicht, sonst müsst ihr sterben!‹«

»Nein, nein«, sagte die Schlange, »ihr werdet bestimmt nicht sterben! Aber Gott weiß: Sobald ihr davon esst, werden euch die Augen aufgehen; ihr werdet wie Gott sein und wissen, was gut und was schlecht ist. Dann werdet ihr euer Leben selbst in die Hand nehmen können.«

Die Frau sah den Baum an: Seine Früchte mussten köstlich schmecken, sie anzusehen war eine Augenweide und es war verlockend, dass man davon klug werden sollte! Sie nahm von den Früchten und aß. Dann gab sie auch ihrem Mann davon und er aß ebenso. Da gingen den beiden die Augen auf und sie merkten, dass sie nackt waren.

Deshalb flochten sie Feigenblätter zusammen und machten sich Lendenschurze.
Am Abend, als es kühler wurde, hörten sie, wie Gott, der Herr, durch den Garten ging. Da versteckten sich der Mensch und seine Frau vor Gott zwischen den Bäumen. Aber Gott rief nach dem Menschen: »Wo bist du?«
Der antwortete: »Ich hörte dich kommen und bekam Angst, weil ich nackt bin. Da habe ich mich versteckt!«
»Wer hat dir gesagt, dass du nackt bist?«, fragte Gott. »Hast du etwa von den verbotenen Früchten gegessen?«
Der Mensch erwiderte: »Die Frau, die du mir an die Seite gestellt hast, gab mir davon; da habe ich gegessen.«
Gott, der Herr, sagte zur Frau: »Was hast du da getan?«
Sie antwortete: »Die Schlange ist schuld, sie hat mich zum Essen verführt!«
Da sagte Gott, der Herr, zu der Schlange:
»Verflucht sollst du sein wegen dieser
Tat!
Auf dem Bauch wirst du kriechen
und Staub fressen dein Leben lang –
du allein von allen Tieren.
Und Feindschaft soll herrschen
zwischen dir und der Frau,
zwischen deinen Nachkommen und den
ihren.
Sie werden euch den Kopf zertreten,
und ihr werdet sie in die Ferse beißen.«
Zur Frau aber sagte Gott:
»Ich verhänge über dich,
dass du Mühsal und Beschwerden hast,
jedes Mal wenn du schwanger bist;
und unter Schmerzen bringst du Kinder
zur Welt.
Es wird dich zu deinem Mann
hinziehen,
aber er wird über dich herrschen.«
Und zum Mann sagte Gott:
»Weil du auf deine Frau gehört und mein Verbot übertreten hast, gilt von nun an:
Deinetwegen ist der Acker verflucht.
Mit Mühsal wirst du dich davon
ernähren,
dein Leben lang.
Dornen und Disteln werden dort
wachsen,
und du wirst die Pflanzen des Feldes
essen.
Viel Schweiß musst du vergießen,
um dein tägliches Brot zu bekommen,
bis du zurückkehrst zur Erde,
von der du genommen bist.
Ja, Staub bist du,
und zu Staub musst du wieder werden!«

Der Mensch nannte seine Frau Eva, denn sie sollte die Mutter aller Menschen werden.
Und Gott, der Herr, machte für den Menschen und seine Frau Kleider aus Fellen.
Dann sagte Gott: »Nun ist der Mensch wie einer von uns geworden und weiß, was gut und was schlecht ist. Es darf nicht sein, dass er auch noch vom Baum des Lebens isst. Sonst wird er ewig leben!«
Und er schickte den Menschen aus dem Garten Eden weg, damit er den Ackerboden bearbeite, aus dem er gemacht war.
So trieb Gott, der Herr, die Menschen hinaus und stellte östlich von Eden die Keruben und das flammende Schwert als Wächter auf. Niemand sollte zum Baum des Lebens gelangen können.



**Bruder gegen Bruder**

Adam schlief mit seiner Frau Eva, und sie wurde schwanger. Sie brachte einen Sohn zur Welt und sagte: »Mit Hilfe des Herrn habe ich einen Mann hervorgebracht.« Darum nannte sie ihn Kain. Später bekam sie einen zweiten Sohn, den nannte sie Abel. Abel wurde ein Hirt, Kain ein Bauer.
Einmal brachte Kain von seinem Ernteertrag dem Herrn ein Opfer. Auch Abel brachte ihm ein Opfer; er nahm dafür die besten von den erstgeborenen Lämmern seiner Herde. Der Herr blickte freundlich auf Abel und sein Opfer, aber Kain und sein Opfer schaute er nicht an.
Da stieg der Zorn in Kain hoch und er blickte finster zu Boden. Der Herr fragte ihn: »Warum bist du so zornig? Warum starrst du auf den Boden? Wenn du Gutes im Sinn hast, kannst du den Kopf frei erheben; aber wenn du Böses planst, lauert die Sünde vor der Tür deines Herzens und will dich verschlingen. Du musst Herr über sie sein!«
Kain aber sagte zu seinem Bruder Abel: »Komm und sieh dir einmal meine Felder an!« Und als sie draußen waren, fiel er über seinen Bruder her und schlug ihn tot.

Der Herr fragte Kain: »Wo ist dein Bruder Abel?«
»Was weiß ich?«, antwortete Kain. »Bin ich vielleicht der Hüter meines Bruders?«
»Weh, was hast du getan?«, sagte der Herr. »Hörst du nicht, wie das Blut deines Bruders von der Erde zu mir schreit? Du hast den Acker mit dem Blut deines Bruders getränkt, deshalb stehst du unter einem Fluch und musst das fruchtbare Ackerland verlassen. Wenn du künftig den Acker bearbeitest, wird er dir den Ertrag verweigern. Als heimatloser Flüchtling musst du auf der Erde umherirren.«

Kain sagte zum Herrn: »Die Strafe ist zu hart, das überlebe ich nicht! Du vertreibst mich vom fruchtbaren Land und aus deiner schützenden Nähe. Als heimatloser Flüchtling muss ich umherirren. Ich bin vogelfrei, jeder kann mich ungestraft töten.«
Der Herr antwortete: »Nein, sondern ich bestimme: Wenn dich einer tötet, müssen dafür sieben Menschen aus seiner Familie sterben.« Und er machte an Kain ein Zeichen, damit jeder wusste: Kain steht unter dem Schutz des Herrn.
Dann musste Kain aus der Nähe des Herrn weggehen. Er wohnte östlich von Eden im Land Nod.

**Die große Flut**

Der Herr sah, dass die Menschen auf der Erde völlig verdorben waren. Alles, was aus ihrem Herzen kam, ihr ganzes Denken und Planen, war durch und durch böse. Das tat ihm weh, und er bereute, dass er sie erschaffen hatte. Er sagte: »Ich will die Menschen wieder von der Erde ausrotten – und nicht nur die Menschen, sondern auch die Tiere auf der Erde, von den größten bis zu den kleinsten, und auch die Vögel in der Luft. Es wäre besser gewesen, wenn ich sie gar nicht erst erschaffen hätte.«

Noach war der Einzige, der vor den Augen des Herrn bestehen konnte.

Dies ist die Geschichte Noachs und seiner Nachkommen: Im Gegensatz zu seinen Zeitgenossen war Noach ein rechtschaffener, durch und durch redlicher Mann; er lebte in enger Verbindung mit Gott. Er hatte drei Söhne: Sem, Ham und Jafet. Alle anderen Menschen konnten vor Gott nicht bestehen; die Erde war voll von Unrecht und Gewalt. Wohin Gott auch sah: überall nichts als Verdorbenheit. Denn die Menschen waren alle vom rechten Weg abgekommen.

Da sagte Gott zu Noach: »Mit den Menschen mache ich ein Ende. Ich will sie vernichten samt der Erde; denn die Erde ist voll von dem Unrecht, das sie tun.

Bau dir ein Schiff, eine Arche. Mach sie aus festem Holz und dichte sie innen und außen mit Pech ab. Im Innern soll sie viele Räume haben. Sie muss 150 Meter lang sein, 25 Meter breit und 15 Meter hoch. Mach oben ein Dach darüber, zieh zwei Zwischendecken ein, sodass es dreistöckig wird, und bring an der Seite eine Tür an.

Ich werde eine Flut über die Erde hereinbrechen lassen, in der alles Lebendige umkommen soll. Weder Mensch noch Tier wird mit dem Leben davonkommen. Mit dir aber schließe ich meinen Bund. Ich verspreche dir: Du sollst gerettet werden.

Geh mit deiner Frau, deinen Söhnen und deinen Schwiegertöchtern in die Arche! Nimm von allen Tieren ein Männchen und ein Weibchen mit, damit sie mit dir gerettet werden. Von jeder Tierart sollst du ein Paar in die Arche bringen, damit sie am Leben bleiben, alle Arten von Landtieren und Vögeln. Nimm jedem Tier sein Futter mit, und auch genug zu essen für dich und deine Familie.« Noach tat alles genau so, wie Gott es ihm befohlen hatte.

Und der Herr schloss hinter Noach die Tür zu. Vierzig Tage lang regnete es ununterbrochen. Das Wasser stieg an und hob die Arche vom Boden ab.
Es stieg immer weiter, und die Arche schwamm jetzt frei auf dem Wasser. Es stieg höher und höher, und schließlich waren auf der Erde sogar die Berge bedeckt; das Wasser stand sieben Meter über den höchsten Gipfeln. Da starb alles, was auf der Erde lebte und sich regte: Vögel, zahme und wilde Tiere, all die kleinen Tiere, von denen es auf der Erde wimmelte, und alle Menschen. Alles, was Lebensgeist in sich trug und auf dem Land lebte, fand den Tod.
So vernichtete der Herr alles Leben auf der Erde, vom Menschen bis zum kriechenden Getier, vom Vieh bis zu den Vögeln. Nur Noach und alle, die bei ihm in der Arche waren, blieben übrig. Da dachte Gott an Noach und an all die Tiere, die bei ihm in der Arche waren. Er ließ einen Wind über die Erde wehen, sodass das Wasser fiel. Er ließ die Quellen der Tiefe versiegen und schloss die Schleusen des Himmels, sodass es zu regnen aufhörte. Am 17. Tag des 7. Monats setzte die Arche auf einem Gipfel des Araratgebirges auf.

**Gottes Zusage**

Nach vierzig Tagen öffnete Noach die Dachluke, die er gemacht hatte, und ließ einen Raben hinaus. Der flog so lange hin und her, bis die Erde trocken war. Noach ließ auch eine Taube fliegen, um zu erfahren, ob das Wasser von der Erde abgeflossen war. Sie fand aber keine Stelle, wo sie sich niederlassen konnte; denn die ganze Erde war noch von Wasser bedeckt. Deshalb kehrte sie zur Arche zurück. Noach streckte die Hand aus und holte sie wieder herein. Er wartete noch einmal sieben Tage, dann ließ er die Taube zum zweiten Mal fliegen. Sie kam gegen Abend zurück und hielt einen frischen Ölbaumzweig im Schnabel. Da wusste Noach, dass das Wasser abgeflossen war.
Er wartete noch einmal sieben Tage, dann ließ er die Taube zum dritten Mal fliegen. Diesmal kehrte sie nicht mehr zurück. Da sagte Gott zu Noach:
»Verlass die Arche mit deiner Frau, deinen Söhnen und deinen Schwiegertöchtern! Lass auch alle Tiere hinaus, die in der Arche sind, die Vögel, die großen Landtiere und alles, was am Boden kriecht. Es soll wieder von ihnen wimmeln auf der Erde; sie sollen fruchtbar sein und sich vermehren auf der Erde.«



Da ging Noach mit seiner Familie aus der Arche, und auch die Tiere kamen heraus, alle die verschiedenen Arten.
Noach baute einen Opferaltar für den Herrn. Der Herr roch den besänftigenden Duft des Opfers und sagte zu sich selbst: »Ich will die Erde nicht noch einmal bestrafen, nur weil die Menschen so schlecht sind! Alles, was aus ihrem Herzen kommt, ihr ganzes Denken und Planen, ist nun einmal böse von Jugend auf. Ich will nicht mehr alles Leben auf der Erde vernichten, wie ich es getan habe.
Von jetzt an gilt,
solange die Erde besteht:
Nie werden aufhören
Saat und Ernte,
Frost und Hitze,
Sommer und Winter,
Tag und Nacht.«

**Das Zeichen des Regenbogens**

Gott segnete Noach und seine Söhne und sagte zu ihnen: »Seid fruchtbar, vermehrt euch und füllt die ganze Erde! Ich gebe euch die feste Zusage: Ich will das Leben nicht ein zweites Mal vernichten. Die Flut soll nicht noch einmal über die Erde hereinbrechen.

Das ist der Bund, den ich für alle Zeiten mit euch und mit allen lebenden Wesen bei euch schließe. Als Zeichen dafür setze ich meinen Bogen in die Wolken. Er ist der sichtbare Garant für die Zusage, die ich der Erde mache.

Jedes Mal, wenn ich Regenwolken über der Erde zusammenziehe, soll der Bogen in den Wolken erscheinen, und dann will ich an das Versprechen denken, das ich euch und allen lebenden Wesen gegeben habe: Nie wieder soll das Wasser zu einer Flut werden, die alles Leben vernichtet. Der Bogen wird in den Wolken stehen, und wenn ich ihn sehe, wird er mich an den ewigen Bund erinnern, den ich mit allen lebenden Wesen auf der Erde geschlossen habe. Dieser Bogen«, sagte Gott zu Noach, »ist das Zeichen für den Bund, den ich jetzt mit allen lebenden Wesen auf der Erde schließe.«

**Der Turmbau zu Babel**

Die Menschen hatten damals noch alle dieselbe Sprache und gebrauchten dieselben Wörter. Als sie nun von Osten aufbrachen, kamen sie in eine Ebene im Land Schinar und siedelten sich dort an.
Sie sagten zueinander: »Ans Werk! Wir machen Ziegel aus Lehm und brennen sie!« Sie wollten die Ziegel als Bausteine verwenden und Asphalt als Mörtel.
Sie sagten: »Ans Werk! Wir bauen uns eine Stadt mit einem Turm, der bis an den Himmel reicht! Dann wird unser Name in aller Welt berühmt. Dieses Bauwerk wird uns zusammenhalten, sodass wir nicht über die ganze Erde zerstreut werden.«
Da kam der Herr vom Himmel herab, um die Stadt und den Turm anzusehen, die sie bauten. Als er alles gesehen hatte, sagte er: »Wohin wird das noch führen? Sie sind ein einziges Volk und sprechen alle dieselbe Sprache. Wenn sie diesen Bau vollenden, wird ihnen nichts mehr unmöglich sein. Sie werden alles ausführen, was ihnen in den Sinn kommt.«
Und dann sagte er: »Ans Werk! Wir steigen hinab und verwirren ihre Sprache, damit niemand mehr den anderen versteht!«



So zerstreute der Herr sie über die ganze Erde und sie konnten die Stadt nicht weiterbauen. Darum heißt diese Stadt Babel, denn dort hat der Herr die Sprache der Menschen verwirrt und von dort aus die Menschheit über die ganze Erde zerstreut.

## Geschichten von den Vätern und Müttern Israels

*Die Geschichten von den Vätern und Müttern Israels bilden die Brücke zwischen der Vielfalt der Völkerwelt, mit der die Erzählung vom Turm zu Babel endet und der Geschichte des einen Volkes Israel. In den Geschichten der Erzeltern Abra(ha)m, Sara(i) und Hagar geht es vor allem um die Verheißung Gottes, nach der die Nachkommen der Väter und Mütter zu einem großen Volk werden und ein blühendes Land besitzen sollen.*

*Unvermittelt setzt die Erzählung von Abraham damit ein, dass dieser von Gott dazu aufgefordert wird, seine Heimat zu verlassen und in das Land zu ziehen, das Gott ihm zeigen wird (S. 23). Die Verheißung des Landes ist sogleich verbunden mit der Verheißung, zum Vater eines großen Volkes zu werden. Das Unerhörte besteht darin, dass Abraham tatsächlich dieses Wagnis eingeht. Doch dann bleiben Kinder als der sichtbare Beweis für die Zuverlässigkeit des göttlichen Versprechens aus. Unter dem Sternenhimmel lässt Gott Abraham noch einmal Zutrauen schöpfen (S. 24), doch zuletzt verliert – typisch menschlich – Sara die Geduld und will Gottes Heilsplan gleichsam nachhelfen (S. 24–25). Mit dem Ergebnis ihrer Bemühungen wird sie nicht glücklich; aber wiederum bewährt sich die Treue Gottes zu seinen Menschen darin, dass er auch solch mehr oder weniger geglückten Eigenwilligkeiten seinen Segen schenkt.*

*Gott erneuert sein Versprechen zu einem Zeitpunkt, als Abraham und Sara schon längst über das Alter hinaus sind, in dem sie noch erwarten können, Eltern zu werden. Die neuen Namen, die sie bekommen, unterstreichen noch einmal die Zuverlässigkeit der göttlichen Zusage. In den drei Engeln, die das Paar im Eichenhain von Mamre besuchen, wird ihnen Gottes Zuwendung ganz handgreiflich. Saras Lachen über die scheinbare Dummheit der Besucher, die nicht einmal wissen, dass Frauen ab einem gewissen Alter keine Kinder mehr haben können, wird zum Freudenlachen, als sie ihr Kind in den Armen hält.*

*Mit diesem Kind, durch dessen Geburt Gott ganz augenfällig wiederum als Schöpfer handelt, ist ein neuer Anfang gesetzt: der Anfang der Geschichte Gottes mit dem Volk, dem in besonderer Weise seine Liebe gilt und durch das er der ganzen Welt Heil schenken will.*

**Gott beruft Abraham (Abram)**

Da sagte der Herr zu Abram: »Verlass deine Heimat, deine Sippe und die Familie deines Vaters und zieh in das Land, das ich dir zeigen werde!
Ich will dich segnen und dich zum Stammvater eines mächtigen Volkes machen. Dein Name soll in aller Welt berühmt sein. An dir soll sichtbar werden, was es bedeutet, wenn ich jemand segne. Alle, die dir und deinen Nachkommen Gutes wünschen, haben auch von mir Gutes zu erwarten. Aber wenn jemand euch Böses wünscht, bringe ich Unglück über ihn. Alle Völker der Erde werden Glück und Segen erlangen, wenn sie dir und deinen Nachkommen wohlgesonnen sind.«
Abram folgte dem Befehl des Herrn und brach auf, und Lot ging mit ihm. Abram war 75 Jahre alt, als er seine Heimatstadt Haran verließ. Seine Frau Sarai und Lot, der Sohn seines Bruders, begleiteten ihn. Sie nahmen ihren ganzen Besitz mit, auch die Menschen, die sie in Haran in Dienst genommen hatten. So zogen sie in das Land Kanaan, in dem damals noch das Volk der Kanaaniter wohnte. Sie durchquerten das Land bis zu dem heiligen Baum bei Sichem.
Dort erschien dem Abram der Herr und sagte zu ihm: »Deinen Nachkommen will ich dieses Land geben!« Da baute Abram dem Herrn einen Altar an der Stelle, wo er ihm erschienen war.
Von dort aus zog er in das Bergland östlich von Bet-El. Seine Zelte standen zwischen Bet-El im Westen und Ai im Osten. Auch dort baute er einen Altar und rief im Gebet den Namen des Herrn an.
Dann zog er von Lagerplatz zu Lagerplatz immer weiter nach Süden.

## Gott verspricht Abram einen Sohn

Einige Zeit danach erging das Wort des Herrn an Abram, und er empfing eine Offenbarung. Der Herr sagte zu ihm: »Hab keine Angst, Abram, ich bin dein Schutz! Du sollst reich belohnt werden.«
»Herr, mein Gott«, erwiderte Abram, »womit willst du mich denn belohnen? Ich sterbe ohne Kinder, und meinen Besitz erbt Eliëser aus Damaskus.«
Weiter sagte Abram: »Sieh doch, du hast mir keine Kinder gegeben, und mein eigener Sklave wird mich beerben!«
Da erging an Abram das Wort des Herrn: »Nein, nicht Eliëser wird dich beerben! Du wirst einen Sohn bekommen; der soll dein Erbe sein.«
Und der Herr führte Abram aus dem Zelt und sagte: »Sieh hinauf zu den Sternen am Himmel! Kannst du sie zählen? So unzählbar werden deine Nachkommen sein.«
Abram glaubte der Zusage des Herrn, und der Herr rechnete ihm dies als Beweis der Treue an.

## Hagar und Ismael

Abrams Frau Sarai blieb kinderlos. Sie hatte aber eine ägyptische Sklavin namens Hagar. So sagte sie zu ihrem Mann: »Du siehst, der Herr hat mir keine Kinder geschenkt. Aber vielleicht kann ich durch meine Sklavin zu einem Sohn kommen. Ich überlasse sie dir.«
Abram war einverstanden, und Sarai gab ihm die ägyptische Sklavin zur Frau. Er lebte damals schon zehn Jahre im Land Kanaan.
Abram schlief mit Hagar und sie wurde schwanger. Als sie merkte, dass sie ein Kind bekommen würde, begann sie auf ihre Herrin herabzusehen. Da sagte Sarai zu ihrem Mann: »Mir geschieht Unrecht, und du trägst dafür die Verantwortung! Ich habe dir meine Sklavin überlassen. Seit sie weiß, dass sie ein Kind bekommt, verachtet sie mich. Ich rufe den Herrn als Richter an!«
Abram erwiderte: »Sie ist deine Sklavin. Mach mit ihr, was du für richtig hältst!«
Sarai ließ daraufhin Hagar die niedrigsten Arbeiten verrichten; da lief sie davon.
In der Wüste rastete Hagar bei dem Brunnen, der am Weg nach Schur liegt. Da kam der Engel des Herrn zu ihr und fragte sie: »Hagar, Sklavin Sarais! Woher kommst du? Wohin gehst du?«

»Ich bin meiner Herrin davongelaufen«, antwortete sie.
Da sagte der Engel: »Geh zu deiner Herrin zurück und ordne dich ihr unter! Der Herr wird dir so viele Nachkommen geben, dass sie nicht zu zählen sind. Du wirst einen Sohn gebären und ihn Ismaël (Gott hat gehört) nennen; denn der Herr hat deinen Hilferuf gehört. Ein Mensch wie ein Wildesel wird er sein, im Streit mit allen und von allen bekämpft; seinen Brüdern setzt er sich vors Gesicht.«
Hagar rief: »Habe ich wirklich den gesehen, der mich anschaut?« Und sie gab dem Herrn, der mit ihr gesprochen hatte, den Namen »Du bist der Gott, der mich anschaut«. Darum nennt man jenen Brunnen Beer-Lahai-Roi (Brunnen des Lebendigen, der mich anschaut). Er liegt zwischen Kadesch und Bered.
Hagar gebar Abram einen Sohn, und Abram nannte ihn Ismaël.

**Neue Namen für Abram und Sarai**

Als Abram 99 Jahre alt war, erschien ihm der Herr und sagte zu ihm: »Ich bin Gott, der Gewaltige. Führe dein Leben in enger Verbindung mit mir und halte dich ganz an mich! Ich schließe mit dir einen Bund und mache dir die feste Zusage: Ich will dir unermesslich viele Nachkommen geben.«

Abram warf sich vor Gott nieder, und Gott sagte weiter zu ihm: »Ich verbürge mich dafür: Du wirst zum Vater vieler Völker werden. Deshalb sollst du nicht mehr Abram heißen, sondern Abraham; denn ich habe dich zum ›Vater vieler Völker‹ bestimmt. Ich werde dich überaus fruchtbar machen. Du wirst so viele Nachkommen haben, dass sie zu ganzen Völkern werden, und sogar Könige sollen von dir abstammen. Meine Zusage gilt dir und deinen Nachkommen in jeder Generation; sie ist unumstößlich für alle Zeiten: Ich bin euer Gott und werde euch das ganze Land Kanaan geben, in dem du jetzt als Fremder lebst. Für immer soll es deinen Nachkommen gehören, und ich werde ihr Gott sein.«

Dann sagte Gott zu Abraham: »Deine Frau Sarai sollst du von jetzt an Sara nennen. Ich will sie segnen und dir auch durch sie einen Sohn schenken. Ich segne sie so, dass sie die Mutter ganzer Völker wird, sogar Könige werden von ihr abstammen.«

Abraham warf sich vor Gott nieder, aber er lachte in sich hinein und dachte bei sich: »Ich bin hundert Jahre alt, da soll mir noch ein Sohn geboren werden? Und Sara ist neunzig, da soll sie noch ein Kind zur Welt bringen?« Er sagte zu Gott: »Wenn nur Ismaël am Leben bleibt! Lass doch deine Zusage für *ihn* gelten!«

Aber Gott sagte: »Nein! Deine Frau Sara wird dir einen Sohn gebären, den sollst du Isaak nennen. Ihm und seinen Nachkommen gilt meine Zusage für alle Zeiten. Doch auch deine Bitte für Ismaël will ich erfüllen: Ich werde ihn segnen und fruchtbar machen und ihm sehr viele Nachkommen geben. Zwölf Fürsten wird er zeugen, und ich lasse ihn zum Vater eines großen Volkes werden. Aber meinen Bund mache ich mit Isaak, den dir Sara gebären wird. Nächstes Jahr, genau um diese Zeit, wird es so weit sein.«

**Gott kündigt Abraham und Sara einen Sohn an**

Abraham wohnte bei den Eichen von Mamre. Dort erschien ihm der Herr. Abraham saß gerade in der Mittagshitze am Eingang seines Zeltes. Als er aufblickte, sah er wenige Schritte vor sich drei Männer stehen. Sofort sprang er auf, warf sich vor ihnen nieder und sagte: »Mein Herr, wenn ich Gnade vor dir gefunden habe, dann geh nicht hier vorüber. Ich stehe dir zu Diensten! Man wird euch sogleich Wasser bringen. Ihr könnt euch die Füße waschen und es euch unter dem Baum bequem machen. Ich will inzwischen eine kleine Erfrischung holen, damit ihr euch stärken und dann euren Weg fortsetzen könnt. Wozu sonst seid ihr bei eurem Diener vorbeigekommen?«
»Es ist gut«, sagten die Männer. »Tu, was du vorhast!«
Abraham lief sogleich ins Zelt und sagte zu Sara: »Schnell, nimm drei Backschüsseln von deinem feinsten Mehl, mach einen Teig und backe Fladenbrot!« Dann lief er zum Vieh, suchte ein schönes, gesundes Kalb aus und befahl dem Knecht, es zuzubereiten. Er holte süße und saure Milch, nahm das gekochte Fleisch und trug alles hinaus unter den Baum. Mit eigener Hand bediente er seine Gäste und stand dabei, während sie aßen.
Nach dem Mahl fragten die Männer Abraham: »Wo ist deine Frau Sara?«
»Drinnen im Zelt«, antwortete er.
Da sagte der Herr: »Nächstes Jahr um diese Zeit komme ich wieder zu dir, dann wird deine Frau einen Sohn haben.«

Sara stand im Rücken Abrahams am Zelteingang und horchte. Die beiden waren damals schon alt, und Sara war schon lange über die Wechseljahre hinaus. Sie lachte in sich hinein und dachte: »Jetzt, wo ich alt und verwelkt bin, soll ich noch ein Kind empfangen? Und mein Mann ist auch viel zu alt!«
Da sagte der Herr zu Abraham: »Warum hat Sara gelacht? Warum zweifelt sie daran, dass sie noch ein Kind gebären wird? Ist für den Herrn irgendetwas unmöglich? Nächstes Jahr um die verabredete Zeit komme ich wieder, dann hat Sara einen Sohn.«
»Ich habe doch nicht gelacht«, leugnete Sara. Sie hatte Angst bekommen. Aber der Herr sagte: »Doch, du hast gelacht!«

**Sara bekommt einen Sohn**

Der Herr dachte an Sara und tat an ihr, was er angekündigt hatte. Sie wurde schwanger und gebar Abraham noch in seinem Alter einen Sohn. Es war genau zu der Zeit, die Gott angegeben hatte. Abraham nannte den Sohn, den Sara ihm geboren hatte, Isaak. Als Isaak acht Tage alt war, beschnitt er ihn, genau wie Gott es angeordnet hatte.
Abraham war bei Isaaks Geburt 100 Jahre alt. Sara aber sagte: »Gott hat dafür gesorgt, dass ich lachen kann. Alle, die davon hören, werden mit mir lachen. Noch nie hat Abraham es erlebt, dass ihm einer die Nachricht brachte: ›Deine Frau Sara stillt ein Kind.‹ Aber jetzt in seinem Alter habe ich ihm noch einen Sohn geboren!«
Isaak wuchs und gedieh. Als er von der Mutterbrust entwöhnt wurde, feierte Abraham mit seinen Leuten ein großes Fest.

**Geschichten von der Befreiung aus Ägypten**

*Die Geschichten von den Vätern und Müttern Israels enden mit Josef, dem Urenkel Abrahams und Saras, der in Ägypten zum Stellvertreter des Pharaos aufsteigt und seine Familie dorthin nachholt, um sie vor der Hungersnot in ihrem Land zu bewahren. Die Nachkommen von Josefs Familie wachsen in Ägypten zu einem großen Volk heran. Im Lauf der Zeit geraten Josef und seine Verdienste in Vergessenheit und schließlich empfinden die Ägypter das Nomadenvolk, das unter ihnen wohnt, als Bedrohung. Der Pharao zieht die Israeliten zu Fronarbeiten heran. Sie müssen bei der Errichtung von Vorratsstädten für seine neue Residenz mitarbeiten. Als das Volk dennoch weiter wächst, befiehlt der Pharao, alle neugeborenen Jungen der Israeliten zu töten. Dieser scheinbare Tiefpunkt in einer Geschichte zunehmender Unterdrückung erweist sich in Wahrheit als ihr Wendepunkt: Mit Mose wird im Volk der Israeliten der Mann geboren, der es aus der Sklaverei herausführen wird. Nach der wunderbaren Errettung des kleinen Mose vor dem Tötungsbefehl des Pharaos beginnt die eigentliche Erzählung mit der Berufung des Mose am brennenden Dornbusch. Dort offenbart Gott ihm seinen Namen: »Ich bin (für euch) da«. Dieser Name charakterisiert zutiefst das Wesen seines Trägers. Dies zeigt sich schon bei der Auseinandersetzung mit dem Pharao und den »Ägyptischen Plagen« (S. 36–43), dann aber erst recht bei der Rettung der Flüchtlinge vor der Heeresmacht der Ägypter am Schilfmeer (S. 45–47).*
*Ebenso wichtig ist das zweite grundlegende Heilsereignis am Anfang der Geschichte des Volkes Israel: Am Berg Sinai schließt Gott einen Bund mit seinem Volk (S. 48–51). Dabei geht es nicht um eine vertragliche Regelung zwischen gleichberechtigten Partnern, sondern Gott ist der Handelnde, der sich in Treue an dieses Volk bindet, der immer für die Seinen »da ist« und zu ihnen steht. Was das Volk tun kann und soll, ist nur die Antwort auf diese liebende Zuwendung Gottes.*
*Diese Erwiderung der Liebe Gottes umfasst das gesamte Leben des Volkes. Was das für das Handeln der Menschen bedeutet, ist in den Zehn Geboten niedergelegt, die als Wegweisung zum Leben in der Freiheit das Verhältnis zu Gott und den Mitmenschen regeln.*

## Moses Geburt und wunderbare Rettung

Ein Mann aus der Nachkommenschaft von Levi heiratete eine Frau, die ebenfalls zu den Nachkommen Levis gehörte. Sie wurde schwanger und brachte einen Sohn zur Welt. Als sie sah, dass es ein gesundes, schönes Kind war, hielt sie es drei Monate lang versteckt. Länger konnte sie es nicht verbergen. Deshalb besorgte sie sich ein Kästchen aus Binsen, dichtete es mit Pech ab, sodass es kein Wasser durchließ, und legte das Kind hinein. Dann setzte sie das Kästchen ins Schilf am Ufer des Nils. Die Schwester des Kindes versteckte sich in der Nähe, um zu sehen, was mit ihm geschehen würde.

Da kam die Tochter des Pharaos an den Nil, um zu baden. Ihre Dienerinnen ließ sie am Ufer zurück. Auf einmal sah sie das Kästchen im Schilf. Sie schickte eine Dienerin hin, um es zu holen. Als sie es öffnete, fand sie darin einen weinenden Säugling, einen kleinen Jungen. Voller Mitleid rief sie: »Das ist einer von den Hebräerjungen!«

Die Schwester des Kindes kam aus ihrem Versteck und fragte: »Soll ich eine hebräische Frau rufen, die das Kind stillen kann?«



»Ja, tu das!«, sagte die Tochter des Pharaos.

Da holte das junge Mädchen die Mutter des Kindes, und die Tochter des Pharaos sagte zu ihr: »Nimm dieses Kind und stille es für mich! Ich werde dich dafür bezahlen.«

So kam es, dass die Frau ihr eigenes Kind mit nach Hause nehmen und stillen konnte. Als der Junge groß genug war, brachte sie ihn wieder zurück. Die Tochter des Pharaos nahm ihn als ihren Sohn an. Sie sagte: »Ich habe ihn aus dem Wasser gezogen.« Darum gab sie ihm den Namen Mose.

## Mose muss aus Ägypten fliehen und findet eine neue Heimat

Als Mose erwachsen war, ging er einmal zu seinen Brüdern, den Israeliten, hinaus und sah, wie sie Fronarbeiten verrichten mussten. Er wurde Zeuge, wie ein Ägypter einen Hebräer, einen von seinen Brüdern, totschlug. Da schaute er sich nach allen Seiten um, und als er sah, dass niemand in der Nähe war, erschlug er den Ägypter und verscharrte ihn im Sand.

Am nächsten Tag ging er wieder hinaus. Da sah er zwei Hebräer, die miteinander stritten. Er sagte zu dem, der im Unrecht war: »Warum schlägst du einen Mann aus deinem eigenen Volk?« Der antwortete: »Wer hat dich zum Aufseher und Richter über uns eingesetzt? Willst du mich auch umbringen wie den Ägypter?«

Da bekam Mose Angst, denn er dachte: »Es ist also doch bekannt geworden!«

Als der Pharao von dem Vorfall erfuhr, wollte er Mose töten lassen. Mose aber floh vor ihm in das Land Midian.

Dort setzte er sich an einen Brunnen, um auszuruhen. Der Priester des Landes hatte sieben Töchter; die kamen zu dem Brunnen, um die Schafe und Ziegen ihres Vaters zu tränken. Als sie gerade die Tränkrinnen voll Wasser geschöpft hatten, kamen Hirten und drängten sie weg. Mose stand auf und nahm die Mädchen in Schutz. Er legte selbst Hand an beim Tränken der Tiere.

Als die Mädchen nach Hause zu ihrem Vater Reguël kamen, fragte er: »Warum seid ihr heute schon so früh wieder da?«

Sie antworteten: »Ein Ägypter hat uns vor den Hirten in Schutz genommen. Er hat uns beim Tränken geholfen und sogar selbst Wasser geschöpft.«

»Wo ist er?«, fragte Reguël seine Töchter. »Warum habt ihr ihn nicht mitgebracht? Holt ihn! Er soll mit uns essen.«

Reguël lud Mose ein, bei ihm zu bleiben, und Mose war damit einverstanden. Der Priester gab ihm seine Tochter Zippora zur Frau. Als sie einen Sohn zur Welt brachte, sagte Mose: »Er soll Gerschom (Gast-dort) heißen, denn ich bin Gast in einem fremden Land geworden.«

So verging eine lange Zeit. Inzwischen war der König von Ägypten gestorben. Aber die Lage der Israeliten hatte sich nicht gebessert. Sie stöhnten unter der Zwangsarbeit und schrien um Hilfe.

Ihr Schreien drang zu Gott, und er erinnerte sich an den Bund, den er mit Abraham, Isaak und Jakob geschlossen hatte. Er wandte sich den Israeliten zu und kümmerte sich um sie.

**Die Berufung am Dornbusch**

Mose hütete die Schafe und Ziegen seines Schwiegervaters Jitro, des Priesters von Midian. Als er die Herde tief in die Wüste hineintrieb, kam er eines Tages an den Gottesberg, den Horeb.

Dort erschien ihm der Engel des Herrn in einer lodernden Flamme, die aus einem Dornbusch schlug. Mose sah nur den brennenden Dornbusch, aber es fiel ihm auf, dass der Busch von der Flamme nicht verzehrt wurde.

»Das ist doch seltsam«, dachte er.

»Warum verbrennt der Busch nicht? Das muss ich mir aus der Nähe ansehen!«

Als der Herr sah, dass Mose näher kam, rief er ihn aus dem Busch heraus an:

»Mose! Mose!«

»Ja«, antwortete Mose, »ich höre!«

»Komm nicht näher!«, sagte der Herr.

»Zieh deine Schuhe aus, denn du stehst auf heiligem Boden.«

Dann sagte er: »Ich bin der Gott, den dein Vater verehrt hat, der Gott Abrahams, Isaaks und Jakobs.«

Da verhüllte Mose sein Gesicht, denn er fürchtete sich, Gott anzusehen.

Weiter sagte der Herr: »Ich habe genau gesehen, wie mein Volk in Ägypten unterdrückt wird. Ich habe gehört, wie es um Hilfe schreit gegen seine Antreiber. Ich weiß, wie sehr es leiden muss, und bin herabgekommen, um es von seinen Unterdrückern zu befreien. Ich will es aus Ägypten führen und in ein fruchtbares und großes Land bringen, ein Land, das von Milch und Honig überfließt. Ich bringe es in das Land der Kanaaniter, Hetiter, Amoriter, Perisiter, Hiwiter und Jebusiter.

Ich habe den Hilfeschrei der Leute von Israel gehört, ich habe gesehen, wie grausam die Ägypter sie unterdrücken. Deshalb geh jetzt, ich schicke dich zum Pharao! Du sollst mein Volk, die Israeliten, aus Ägypten herausführen.«

Aber Mose wandte ein: »Ich? Wer bin ich denn! Wie kann ich zum Pharao gehen und das Volk Israel aus Ägypten herausführen?«

Gott antwortete: »Ich werde dir beistehen. Und das ist das Zeichen, an dem du erkennst, dass ich dich beauftragt habe: Wenn du das Volk aus Ägypten herausgeführt hast, werdet ihr mir an diesem Berg Opfer darbringen und mich anbeten.«

**Gott offenbart seinen Namen**

Mose sagte zu Gott: »Wenn ich nun zu den Leuten von Israel komme und zu ihnen sage: ›Der Gott eurer Vorfahren hat mich zu euch geschickt‹, und sie mich dann fragen: ›Wie ist sein Name?‹ – was soll ich ihnen sagen?«
Gott antwortete: »Ich bin da«, und er fügte hinzu: »Sag zum Volk Israel: ›Der Ich-bin-da hat mich zu euch geschickt: der Herr! Er ist der Gott eurer Vorfahren, der Gott Abrahams, Isaaks und Jakobs.‹ Denn ›Herr‹ (Er-ist-da) ist mein Name für alle Zeiten. Mit diesem Namen sollen mich auch die kommenden Generationen ansprechen, wenn sie zu mir beten.
Geh nun und rufe die Ältesten des Volkes Israel zusammen! Sag zu ihnen: ›Der Herr, der Gott eurer Vorfahren, ist mir erschienen, der Gott Abrahams, Isaaks und Jakobs. Er hat zu mir gesagt: Ich habe genau gesehen, was man euch in Ägypten antut. Darum bin ich entschlossen, euch aus diesem Land herauszuführen, in dem ihr so unterdrückt werdet.
Ich bringe euch in das Land der Kanaaniter, Hetiter, Amoriter, Perisiter, Hiwiter und Jebusiter, ein Land, das von Milch und Honig überfließt.‹
Wenn du so zu ihnen sprichst, werden die Ältesten des Volkes auf dich hören. Dann musst du mit ihnen zum König von Ägypten gehen, und ihr sollt zu ihm sagen: ›Der Herr, der Gott der Hebräer, ist uns erschienen. Deshalb wollen wir drei Tagereisen weit in die Wüste gehen und dort dem Herrn, unserem Gott, Opfer darbringen.‹
Ich weiß, dass der König von Ägypten euch nicht gehen lässt; er wird sich durch keine Macht der Welt dazu zwingen lassen. Aber dann werde ich meine Hand ausstrecken und die Ägypter schlagen, ich werde Schrecken erregende Wunder in ihrer Mitte vollbringen. Und dann wird er euch ziehen lassen.
Ich werde sogar dafür sorgen, dass die Ägypter euch wohlgesinnt sein werden und ihr nicht mit leeren Händen wegziehen müsst. Alle Frauen aus Israel sollen sich vor dem Aufbruch von ihren ägyptischen Nachbarinnen Silber- und Goldschmuck erbitten und festliche

Kleider. Das können dann eure Söhne und Töchter tragen. Auf diese Weise sollt ihr die Ägypter berauben.«

**Mose macht Einwendungen**

Mose erwiderte: »Und was ist, wenn die Leute von Israel mir nicht glauben und nicht auf mich hören, sondern behaupten: ›Der Herr ist dir nicht erschienen!‹ Was soll ich dann tun?«

»Was hast du da in deiner Hand?«, fragte der Herr.

»Einen Stock«, sagte Mose.

»Wirf ihn auf die Erde!«, befahl der Herr. Mose tat es. Da wurde der Stock zu einer Schlange, und Mose lief vor ihr davon.

Der Herr befahl ihm: »Pack sie beim Schwanz!«

Mose fasste zu, und sie wurde in seiner Hand wieder zum Stock.

Da sagte der Herr: »Tu das vor ihren Augen, damit sie glauben, dass ich dir erschienen bin – ich, der Gott ihrer Vorfahren Abraham, Isaak und Jakob.«

Doch Mose erwiderte: »Ach Herr, ich habe doch noch nie gut reden können, und auch seit du mit mir, deinem Diener, sprichst, ist das nicht besser geworden. Ich bin im Reden viel zu schwerfällig und unbeholfen.«

Der Herr antwortete: »Wer hat den Menschen die Sprache gegeben? Wer macht die Menschen stumm oder taub? Wer macht sie sehend oder blind? Ich bin es, der Herr! Also, geh jetzt! Ich werde dir helfen und dir sagen, was du reden sollst.«

Doch Mose erwiderte: »Nimm es mir nicht übel, Herr, aber schicke einen andern!«

Da wurde der Herr zornig auf Mose und sagte: »Du hast doch noch einen Bruder, den Leviten Aaron! Ich weiß, dass er gut reden kann. Er ist auf dem Weg zu dir und wird sich freuen, wenn er dich wiedersieht.

Du sagst ihm alles, was er reden soll. Ich helfe dir dabei, und ihm helfe ich auch. Ich sage euch, was ihr tun und reden sollt. Wenn Aaron für dich zum Volk spricht, wird das so sein, wie wenn ein Prophet die Botschaften seines Gottes weitergibt.

**Mose und Aaron beim Pharao**

Nun gingen Mose und Aaron zum Pharao und sagten: »So spricht der Herr, der Gott Israels: ›Lass mein Volk ziehen, damit es in der Wüste ein Fest für mich feiern kann!‹«

»Der Herr? Wer ist das?«, erwiderte der Pharao. »Was hat er mir zu befehlen? Ich kenne keinen ›Herrn‹ und denke gar nicht daran, das Volk Israel gehen zu lassen.«

Mose und Aaron sagten: »Er ist der Gott der Hebräer, und er ist uns erschienen. Deshalb wollen wir jetzt drei Tagereisen weit in die Wüste gehen und ihm dort Opfer darbringen. Sonst wird er uns mit Krankheit oder Krieg strafen.«

Der Ägypterkönig fuhr sie an: »Was denkt ihr euch eigentlich, dass ihr das Volk von der Arbeit abhalten wollt? Macht, dass ihr fortkommt! An eure Fronarbeit!«

Und er sagte noch: »Sie sind schon so zahlreich, und da wollt ihr ihnen auch noch eine Arbeitspause verschaffen!«

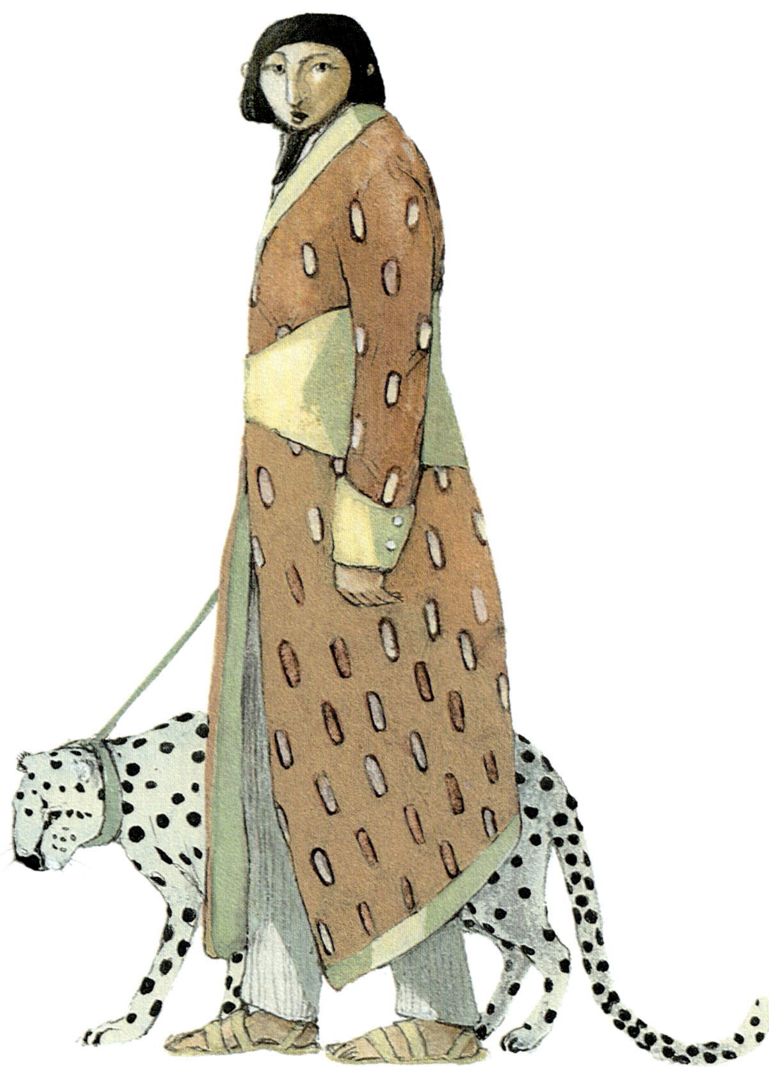

**Die Unterdrückung wächst**

Am selben Tag befahl der Pharao den ägyptischen Antreibern und den Listenführern aus dem Volk Israel: »Ihr dürft den Leuten jetzt nicht mehr das Stroh liefern, das sie zur Herstellung der Ziegelsteine brauchen. Sie sollen es sich selbst zusammensuchen! Aber sie müssen genau so viele Ziegel abliefern wie bisher. Ihr dürft ihnen nichts erlassen. Faul sind sie, deshalb schreien sie: ›Wir wollen in die Wüste und unserem Gott Opfer darbringen.‹ Sie stehen nicht genug unter Druck. Verlangt von ihnen noch mehr, dann werden sie sich von diesen Verführern nichts vormachen lassen.«

Die Antreiber und die Listenführer gingen hin und sagten zu den Israeliten: »So spricht der Pharao: ›Ich lasse euch von jetzt ab kein Stroh mehr liefern. Geht selbst und sucht euch welches! Ihr müsst aber genau so viele Ziegel abliefern wie bisher.‹«

So verteilten sich die Männer Israels über das ganze Land und sammelten Stroh auf den Feldern. Die Ägypter aber trieben sie an und sagten: »Ihr müsst jeden Tag genau so viele Ziegel abliefern wie früher, als euch noch Stroh gestellt wurde!« Die Antreiber schlugen die Listenführer der Israeliten, die sie eingesetzt hatten, und schrien sie an: »Ihr habt heute schon wieder zu wenig Ziegel abgeliefert!«

Da beschwerten sich die Listenführer beim Pharao: »Warum tust du uns das an? Wir sind doch immer deine treuen Diener gewesen! Man hat unseren Leuten kein Stroh geliefert und doch sollen sie Ziegel herstellen. Sogar geschlagen hat man uns. Die Schuld liegt bei deinen eigenen Leuten!«

Der Pharao antwortete: »Faul seid ihr, ganz einfach faul! Deswegen schreit ihr: ›Wir wollen in die Wüste und unserem Gott Opfer darbringen.‹ Macht, dass ihr wieder an eure Arbeit kommt! Stroh bekommt ihr nicht; aber die vorgeschriebene Anzahl Ziegel wird abgeliefert!«

Da sahen die Listenführer aus dem Volk, dass alles nichts half: Die Israeliten mussten pro Tag die gleiche Menge Ziegel herstellen wie bisher.

**Gott kündigt sein Eingreifen an**

Als die Listenführer der Israeliten vom Pharao kamen, trafen sie auf Mose und Aaron, die auf sie warteten. Sie überhäuften die beiden mit Vorwürfen: »Ihr habt uns beim Pharao und seinen Leuten nur verhasst gemacht! Ihr habt ihnen eine Waffe in die Hand gegeben, mit der sie uns töten werden. Der Herr soll euch dafür strafen!«

Mose wandte sich an den Herrn und sagte: »Herr, warum handelst du so schlecht an deinem Volk? Wozu hast du mich überhaupt hierher geschickt? Seit ich zum Pharao gegangen bin und ihm deinen Befehl überbracht habe, hat er das Volk nur noch mehr misshandelt. Und du hast nichts getan, um dein Volk zu retten!«

Darauf sagte der Herr zu Mose: »Jetzt wirst du erleben, was ich mit dem Pharao machen werde. Ich werde ihn zwingen, die Israeliten gehen zu lassen, ja, er wird sie sogar mit Gewalt aus seinem Land forttreiben.«

**Plagen über Ägypten: Wasser wird Blut**

Darauf sagte der Herr zu Mose: »Der Pharao ist trotzig; er weigert sich, das Volk ziehen zu lassen. Geh morgen früh zu ihm, wenn er gerade zum Nil hinuntergeht, und tritt ihm am Ufer des Flusses entgegen. Nimm den Stock mit, der sich in eine Schlange verwandelt hat.

Dann sag zum Pharao: ›Der Herr, der Gott der Hebräer, hat mich zu dir geschickt und fordert dich auf: Lass mein Volk in die Wüste ziehen, damit es mir dort Opfer darbringen kann!

Bis jetzt hast du nicht darauf gehört.

Aber jetzt sollst du erkennen, dass du es mit dem Herrn zu tun hast. In seinem Auftrag werde ich mit dem Stock in meiner Hand in das Wasser des Nils schlagen und es wird zu Blut werden.

Alle Fische werden sterben und der Fluss wird so sehr stinken, dass die Ägypter nicht mehr von seinem Wasser trinken können.‹«

Weiter sagte der Herr zu Mose: »Aaron soll seinen Stock ausstrecken über alle Gewässer Ägyptens, über die Flüsse und Kanäle, die Teiche und alle Wasserstellen. Alles Wasser in Ägypten wird dann zu Blut werden, sogar in den Gefäßen aus Holz und Stein.«

Mose und Aaron taten, was der Herr ihnen befohlen hatte. Vor den Augen des Pharaos und seiner Minister erhob Mose seinen Stock und schlug in das Wasser des Nils. Da wurde alles Wasser im Strom in Blut verwandelt. Die Fische starben und das Wasser begann so sehr zu stinken, dass die Ägypter es nicht mehr trinken konnten. Im ganzen Land war das Wasser zu Blut geworden.
Aber die ägyptischen Magier brachten mit ihren Zauberkünsten dasselbe fertig. Deshalb blieb der Pharao starrsinnig und ließ das Volk nicht ziehen, genau wie der Herr es vorausgesagt hatte.
Der Pharao ging in seinen Palast zurück und nahm auch diesen Machterweis des Herrn nicht ernst. Die Ägypter aber gruben an den Ufern des Nils nach Trinkwasser, denn das Nilwasser war ungenießbar geworden.

*Danach schickte der Herr weitere Plagen: Frösche, Stechmücken, Ungeziefer, eine Viehpest, Geschwüre und Hagel. Der Pharao machte vorübergehend immer wieder Zugeständnisse, blieb dann aber doch starrsinnig und ließ das Volk nicht gehen.*

**Heuschrecken fallen über das Land her**

Da sagte der Herr zu Mose: »Streck deine Hand aus über Ägypten, um die Heuschrecken herbeizurufen. Sie sollen das Grün, das der Hagel übrig gelassen hat, bis auf den letzten Rest auffressen.«
Mose streckte seinen Stock über Ägypten aus, und der Herr ließ den ganzen Tag und die ganze Nacht einen Ostwind wehen. Als der Morgen kam, waren die Heuschrecken da. Sie fielen in ganz Ägypten ein und ließen sich in riesigen Schwärmen nieder. Eine so große Menge Heuschrecken wurde noch nie gesehen, und man wird sie auch nie wieder zu sehen bekommen.
Der ganze Boden war bedeckt, das Land war schwarz von Heuschrecken. Sie fraßen alle Pflanzen, auch die Früchte an den Bäumen, alles, was der Hagel verschont hatte. Weder auf den Bäumen noch am Boden ließen sie irgendetwas Grünes übrig.
Der Pharao ließ in aller Eile Mose und Aaron rufen. Er bekannte: »Ich bin vor dem Herrn, eurem Gott, schuldig geworden und auch vor euch. Vergebt mir nur noch dies eine Mal meine Schuld! Bittet den Herrn, euren Gott,

dass er dieses tödliche Verderben abwendet!«
Als Mose vom Pharao weggegangen war, betete er zum Herrn. Da ließ der Herr den Wind drehen und in einen starken Westwind umschlagen. Der nahm die Heuschrecken mit und wehte sie ins Rote Meer; in ganz Ägypten blieb nicht eine Heuschrecke übrig. Aber der Herr machte den Pharao auch jetzt wieder starrsinnig, sodass er das Volk nicht ziehen ließ.

**Finsternis über Ägypten**

Darauf sagte der Herr zu Mose: »Streck deine Hand zum Himmel aus, und es wird eine Finsternis über Ägypten kommen, so dicht, dass sie mit den Händen zu greifen ist.«
Da erhob Mose seine Hand, und drei Tage lang wurde es in Ägypten stockfinster. Die Ägypter konnten einander nicht sehen, und drei Tage lang verließ niemand sein Haus. Nur wo die Israeliten wohnten, blieb es hell.

Der Pharao ließ Mose rufen und sagte: »Geht und bringt dem Herrn eure Opfer! Auch eure Familien könnt ihr mitnehmen; nur die Schafe, Ziegen und Rinder müsst ihr hier lassen.«
Mose erwiderte: »Wirst vielleicht *du* uns Tiere zur Verfügung stellen, die wir dem Herrn, unserem Gott, als Brandopfer und Mahlopfer darbringen können? Nein, auch unser Vieh muss mit uns gehen! Kein einziges Tier bleibt zurück. Erst wenn wir an Ort und Stelle sind, können wir wissen, welche Tiere wir zum Opfer für den Herrn, unseren Gott, brauchen.«
Da machte der Herr den Pharao von neuem starrsinnig, sodass er das Volk Israel nicht ziehen ließ. Der Pharao sagte zu Mose: »Verschwinde! Wenn du mir noch *einmal* unter die Augen kommst, bist du ein toter Mann.«
»Wie du sagst!«, erwiderte Mose. »Ich werde dir nie wieder unter die Augen kommen.«

**Die Ankündigung der letzten Plage**

Bevor Mose ging, sagte er zum Pharao: »So spricht der Herr: ›Um Mitternacht werde ich durch Ägypten gehen. Dann werden alle Erstgeborenen in Ägypten sterben, von deinem eigenen Sohn, der dein Nachfolger auf dem Thron werden soll, bis zum Sohn der Sklavin, die an der Handmühle kniet. Auch beim Vieh werden alle Erstgeburten sterben. In ganz Ägypten wird es ein Wehklagen geben, wie man es noch nie gehört hat und auch nie wieder hören wird.‹
Aber den Leuten von Israel wird kein Haar gekrümmt werden, auch ihren Tieren wird nichts geschehen. Daran sollt ihr Ägypter erkennen, dass der Herr zwischen euch und den Israeliten genau unterscheidet.
Dann werden alle deine Minister zu mir kommen und mich auf den Knien anflehen: ›Geh endlich fort, du und dein ganzes Volk!‹ Und dann werde ich das Land verlassen.«
So ging Mose voll Zorn vom Pharao weg.

**Die Einsetzung des Passafestes**

Der Herr sagte zu Mose und Aaron, als sie noch in Ägypten waren: »Dieser Monat soll für euch der Beginn des Jahres sein. Sagt der ganzen Gemeinde Israel, dass jeder Familienvater am 10. Tag des Monats für seine Familie ein Lamm auswählt.

Ist die Familie zu klein, um ein ganzes Tier zu verzehren, so soll sie sich mit der Nachbarfamilie zusammentun. Sie sollen sich vorher überlegen, wie viel jeder essen kann, damit nichts übrig bleibt. Das Tier muss einjährig und männlich sein und darf keine Fehler haben. Ihr könnt ein Schaf- oder ein Ziegenböckchen nehmen.

Das Tier wird bis zum 14.Tag des Monats von der übrigen Herde gesondert gehalten. Gegen Abend schlachten dann alle Familien in der ganzen Gemeinde ihr Lamm. Von dem Blut nehmen sie etwas und streichen es an die beiden Türpfosten und den oberen Türbalken der Häuser, in denen sie das Mahl halten. Sie braten das Lamm am Feuer und essen es in derselben Nacht, zusammen mit ungesäuertem Brot und bitteren Kräutern.

Ihr dürft nichts von dem Lamm roh oder gekocht essen. Es muss am Feuer gebraten sein, und zwar ganz, mit Kopf, Beinen und Innereien. Ihr dürft auch nichts davon bis zum andern Morgen übrig lassen. Die Reste müsst ihr verbrennen.

Beim Essen sollt ihr reisefertig gekleidet sein, die Sandalen an den Füßen und den Wanderstab in der Hand. In Hast und Eile sollt ihr essen. Dies ist das Passafest für mich, den Herrn.

In dieser Nacht werde ich durch Ägypten gehen und alle Erstgeborenen töten, bei Mensch und Vieh. An allen Göttern Ägyptens werde ich mein Gericht vollstrecken, ich, der Herr. Eure Türen aber sollen durch das Blut bezeichnet sein. Überall, wo ich dieses Blut sehe, werde ich vorübergehen, und so werdet ihr verschont bleiben, wenn ich strafend durch ganz Ägypten gehe.

Dieser Tag soll für euch ein Gedenktag sein, der in allen kommenden Generationen als Festtag für mich gefeiert wird. Das ist eine Anweisung für alle Zeiten.

Vom Passa-Abend an sollt ihr sieben Tage lang ungesäuertes Brot essen. Vor Beginn des Festes müsst ihr den Sauerteig aus euren Häusern entfernen. Wer während dieser sieben Tage Brot isst, das mit Sauerteig zubereitet wurde, hat

sein Leben verwirkt und muss aus dem Volk Israel ausgestoßen werden.
Der erste und der siebte Tag sind heilige Tage, an denen jede Arbeit ruhen muss. Nur das Essen darf zubereitet werden.
Jahr für Jahr sollt ihr das Fest der Ungesäuerten Brote feiern, weil ich euch am ersten Tag dieses Festes in geordneten Scharen aus Ägypten herausgeführt habe. Alle kommenden Generationen sollen diesen Festtag begehen.

*Dann befahl Mose den Ältesten, ein Lamm für das Passamahl zu schlachten, die Türpfosten und Türbalken ihrer Häuser mit dem Blut des Lammes zu bestreichen und das Haus nicht mehr zu verlassen. Das war das Zeichen, die so gekennzeichneten Häuser zu verschonen, wenn der Herr in der Nacht den Schlag gegen Ägyptens Erstgeburt führen würde.*

**Der Pharao lässt die Israeliten ziehen**

Um Mitternacht tötete der Herr alle Erstgeborenen in Ägypten, angefangen vom erstgeborenen Sohn des Pharaos, der sein Nachfolger auf dem Thron werden sollte, bis zum Erstgeborenen des Gefangenen im Kerker, auch jede Erstgeburt beim Vieh.
In jener Nacht wurden der Pharao, seine Minister und alle Ägypter aus dem Schlaf aufgeschreckt. Lautes Wehgeschrei erhob sich, denn es gab kein Haus bei den Ägyptern, in dem nicht ein Toter war.
Noch in derselben Nacht ließ der Pharao Mose und Aaron rufen und drängte sie: »Schnell, verlasst das Land! Geht fort von meinem Volk, ihr und die anderen Israeliten! Bringt dem Herrn eure Opfer, wie ihr es verlangt habt. Nehmt eure Schafe, Ziegen und Rinder mit, aber geht! Bittet euren Gott, dass er auch mich segnet!«
Die Ägypter drängten das Volk, schleunigst das Land zu verlassen. »Sonst kommen wir noch alle um!«, sagten sie.
Die Israeliten nahmen ihren Brotteig ungesäuert in den Backtrögen mit; die Männer trugen die Tröge in ihr Obergewand gewickelt auf ihren Schultern.

Nach der Anweisung Moses hatten die Leute von den Ägyptern Schmuckstücke aus Silber und Gold und festliche Kleider erbeten. Der Herr hatte dafür gesorgt, dass die Ägypter ihnen wohlgesinnt waren und ihnen alles gaben, was sie verlangten. Auf diese Weise beraubten sie die Ägypter.
Die Israeliten brachen von Ramses auf und zogen nach Sukkot. Es waren etwa sechshunderttausend, die Frauen, Kinder und Alten nicht mitgezählt. Auch eine erhebliche Zahl von Fremden schloss sich ihnen an. Große Herden von Schafen, Ziegen und Rindern führten sie mit.
Aus dem Teig, den sie ungesäuert aus Ägypten mitgenommen hatten, backten sie Fladenbrote. Sie hatten aus Ägypten aufbrechen müssen, noch ehe der Sauerteig dem Brotteig zugesetzt war, und hatten auch keine Verpflegung für unterwegs vorbereitet.
Vierhundertunddreißig Jahre lang hatten die Israeliten in Ägypten gelebt. Nach Ablauf dieser Zeit, an dem genannten Tag, zog das Volk des Herrn in geordneten Scharen aus Ägypten aus.
Während der Nacht, in der sie der Herr aus Ägypten herausführte, wachte er über sie. Seitdem ist diese Nacht für alle in Israel eine Nacht, in der sie zur Ehre des Herrn wach bleiben.
Während der Wanderung ging der Herr tagsüber in einer Wolkensäule vor ihnen her, um ihnen den Weg zu zeigen, und nachts in einer Feuersäule, um ihnen zu leuchten. So konnten sie Tag und Nacht unterwegs sein.
Jeden Tag war die Wolkensäule an der Spitze des Zuges und jede Nacht die Feuersäule.

**Die Ägypter jagen den Israeliten nach**

Der Herr sagte zu Mose: »Befiehl den Israeliten, dass sie vom direkten Weg abgehen und vor Pi-Hahirot ihr Lager aufschlagen, zwischen Migdol und dem Meer, gegenüber von Baal-Zefon. Der Pharao wird denken: ›Sie haben sich verlaufen und sitzen in der Wüste fest.‹ Ich werde ihn so starrsinnig machen, dass er euch verfolgen wird. Dann will ich an ihm und seinem Heer durch einen vernichtenden Schlag meine ganze Macht erweisen. Die Ägypter sollen endlich erkennen, dass ich der Herr bin.«

Die Israeliten taten, was der Herr gesagt hatte, und änderten ihre Marschrichtung.

Als dem König von Ägypten gemeldet wurde, dass die Israeliten geflohen waren, bereuten er und seine Minister ihre Nachgiebigkeit. Sie sagten: »Was für eine Dummheit haben wir gemacht! Wir haben die Israeliten laufen lassen, unsere Arbeitskräfte!«

Der Pharao ließ seinen Wagen anspannen und bot seine ganze Kriegsmacht auf. Alle verfügbaren Streitwagen Ägyptens nahm er mit, auch die sechshundert, die seine Elitetruppe bildeten. Jeder Wagen war nicht nur mit dem Wagenlenker und dem Bogenschützen, sondern auch noch mit einem Schildträger besetzt. Der Herr machte den Pharao, den König von Ägypten, so starrsinnig, dass er den Israeliten nachjagte, die unter dem Schutz ihres Gottes weiterzogen.

Die ganze ägyptische Streitwagenmacht verfolgte die Israeliten und holte sie ein, während sie bei Pi-Hahirot gegenüber Baal-Zefon am Meer lagerten.

Als die Leute von Israel sahen, wie der Pharao mit seinem Heer heranrückte, packte sie die Angst und sie schrien zum Herrn um Hilfe.

Zu Mose aber sagten sie: »Hast du uns aus Ägypten geführt, damit wir hier in der Wüste sterben? Gab es in Ägypten keine Gräber? Wozu hast du uns von dort weggeführt? Haben wir nicht gleich gesagt, du sollst uns in Ruhe lassen, wir wollen lieber den Ägyptern dienen? Wir wären besser Sklaven der Ägypter, als dass wir hier in der Wüste umkommen!«

Mose antwortete ihnen: »Habt keine Angst! Wartet ab und seht zu, wie der Herr euch heute retten wird. Ihr werdet Zeugen sein, wie die Ägypter ihre größte Niederlage erleben. Der Herr wird für euch kämpfen, ihr selbst braucht gar nichts zu tun.«

**Die Rettung am Schilfmeer**

Der Herr sagte zu Mose: »Warum schreist du zu mir um Hilfe? Befiehl den Israeliten, dass sie weiterziehen! Du aber streck deine Hand aus und erhebe deinen Stock über das Meer und spalte es, damit die Leute von Israel trockenen Fußes ins Meer hineingehen können! Ich werde die Ägypter so starrsinnig machen, dass sie hinter ihnen her ins Meer gehen. Dann will ich am Pharao und seinem Heer, an allen seinen Streitwagen und Wagenkämpfern, meine ganze Macht erweisen. Die Ägypter sollen erkennen, dass ich der Herr bin, wenn ich am Pharao und seinem ganzen Heer meine Macht zeige!«

Der Engel Gottes, der sonst ständig vor dem Volk Israel herging, trat nun an das Ende des Zuges. Auch die Wolkensäule, die sonst immer vor ihnen war, stellte sich hinter sie, sodass sie zwischen den Ägyptern und den Israeliten stand. Auf der Seite der Ägypter war sie dunkel, aber auf der Seite der Israeliten erhellte sie die Nacht. So konnten die Ägypter den Leuten von Israel die Nacht über nicht näher kommen.

Nun streckte Mose seine Hand über das Meer aus, und der Herr ließ die ganze Nacht über einen starken Ostwind wehen, der das Wasser zurücktrieb. So verwandelte sich das Meer in trockenes Land.

Das Wasser teilte sich, es stand auf beiden Seiten wie eine Mauer, und die Israeliten gingen trockenen Fußes mitten durchs Meer. Die Ägypter verfolgten sie; und alle Streitwagen des Pharaos mit den Pferden und Wagenkämpfern jagten hinter ihnen her ins Meer hinein.

Kurz vor Morgengrauen sah der Herr aus der Feuer- und Wolkensäule auf das Heer der Ägypter und stürzte es in Verwirrung. Er hemmte die Räder ihrer Wagen, sodass sie nur mit Mühe vorwärts kamen. Die Ägypter sagten: »Der Herr steht auf der Seite Israels! Er kämpft gegen uns. Nur fort von hier!«

Nun sagte der Herr zu Mose: »Streck deine Hand über das Meer aus! Dann wird das Wasser zurückfluten und die ägyptischen Streitwagen und Wagenkämpfer unter sich begraben.«

Mose streckte seine Hand aus, und so strömte das Wasser bei Tagesanbruch zurück. Die fliehenden Ägypter rannten geradewegs hinein; der Herr trieb sie mitten ins Meer. Das Wasser bedeckte die Streitwagen und Wagenkämpfer, die gesamte Armee des Pharaos, die den

Israeliten ins Meer gefolgt war. Kein einziger von den Ägyptern kam mit dem Leben davon.
Die Israeliten aber waren auf trockenem Grund mitten durchs Meer gegangen, während links und rechts das Wasser wie eine Mauer stand.
So rettete der Herr an diesem Tag das Volk Israel vor seinen Verfolgern. Als die Leute von Israel die Leichen am Strand liegen sahen, erkannten sie, dass der Herr die Ägypter durch seine große Macht vernichtet hatte. Das erfüllte sie mit Furcht und Staunen, und sie fassten festes Vertrauen zu ihm und zu Mose, seinem Diener und Bevollmächtigten.

**Das Lied der Mirjam**

Die Pferde und Streitwagen des Pharaos samt allen Wagenkämpfern waren also hinter dem Volk Israel ins Meer hineingezogen, und der Herr hatte das Wasser über sie zurückfluten lassen. Aber die Leute von Israel waren trockenen Fußes ans andere Ufer gelangt. Darum sangen sie dieses Lied.
Die Prophetin Mirjam, die Schwester Aarons, nahm ihre Handpauke, und alle Frauen schlossen sich ihr an. Sie schlugen ihre Handpauken und tanzten im Reigen. Mirjam sang ihnen vor und sie antworteten im Chor: »Singt, alle, singt, dem Herrn zu Ehren, denn er hat siegreich seine Macht gezeigt: Ins Meer geworfen hat er Ross und Mann!«

**Die Begegnung mit Gott am Berg Sinai**

Am dritten Neumondstag nach dem Auszug der Israeliten aus Ägypten kamen sie in die Wüste Sinai. Sie waren von ihrem Lagerplatz bei Refidim dorthin aufgebrochen und schlugen nun ihr Lager vor dem Berg Sinai auf. Mose stieg zu Gott auf den Berg.

Der Herr rief ihm vom Berg aus zu: »Sag dem Volk Israel, den Nachkommen Jakobs: ›Ihr habt gesehen, wie ich an den Ägyptern meine Macht erwiesen habe. Und ihr habt erlebt, dass ich euch getragen habe wie ein Adler seine Jungen; ich habe euch wohlbehalten hierher zu mir gebracht.

Wenn ihr mir nun treu bleibt und auf mich hört, sollt ihr mein ganz persönliches Eigentum sein unter allen Völkern. Die ganze Erde gehört mir; aber ihr sollt ein Volk von Priestern sein, das mir ganz zur Verfügung steht und mir ungeteilt dient.‹ Das sollst du den Leuten von Israel sagen.«

Als Mose zurückkam, rief er die Ältesten des Volkes zusammen und richtete ihnen aus, was der Herr ihm aufgetragen hatte. Das ganze Volk stimmte zu: »Wir wollen alles tun, was der Herr gesagt hat!«



Mose überbrachte dem Herrn die Antwort des Volkes, und der Herr sagte zu ihm: »Ich werde in einer dunklen Wolke zu dir kommen, damit das Volk hören kann, wie ich mit dir rede, und damit es nie mehr daran zweifelt, dass ich dich beauftragt habe.«

Am Morgen des dritten Tages, als es gerade hell wurde, begann es zu donnern und zu blitzen, eine dichte Wolke bedeckte den Berg und mächtiger Posaunenschall war zu hören. Das Volk im Lager zitterte vor Angst. Da führte Mose das Volk aus dem Lager heraus, Gott entgegen. Am Fuß des Berges stellten sie sich auf.

Der ganze Berg Sinai war in Rauch gehüllt, weil der Herr im Feuer auf ihn herabgekommen war. Der Rauch stieg auf wie der Rauch eines Schmelzofens und der ganze Berg bebte. Der Posaunenschall wurde immer lauter. Mose rief und Gott antwortete ihm mit einer Stimme, die wie Donner klang.

Nachdem der Herr auf den Gipfel des Berges herabgekommen war, rief er Mose zu sich und der stieg hinauf.

**Die Zehn Gebote Gottes für sein Volk**

Dann gab Gott dem Volk seine Gebote.
Er sagte:
»Ich bin der Herr, dein Gott! Ich habe dich aus Ägypten herausgeführt, ich habe dich aus der Sklaverei befreit.
Du sollst keine anderen Götter neben mir haben.
Du sollst dir kein Gottesbild anfertigen. Mach dir überhaupt kein Abbild von irgendetwas im Himmel, auf der Erde oder im Meer.
Wirf dich nicht vor fremden Göttern nieder und diene ihnen nicht. Denn ich, der Herr, dein Gott, bin ein leidenschaftlich liebender Gott und erwarte auch von dir ungeteilte Liebe. Wenn sich jemand von mir abwendet, dann ziehe ich dafür noch seine Nachkommen zur Rechenschaft bis in die dritte und vierte Generation. Wenn mich aber jemand liebt und meine Gebote befolgt, dann erweise ich auch noch seinen Nachkommen Liebe und Treue, und das über Tausende von Generationen hin.
Du sollst den Namen des Herrn, deines Gottes, nicht missbrauchen; denn der Herr wird jeden bestrafen, der das tut.
Halte den Ruhetag in Ehren, den siebten Tag der Woche! Er ist ein heiliger Tag, der dem Herrn gehört. Sechs Tage sollst du arbeiten und alle deine Tätigkeiten verrichten; aber der siebte Tag ist der Ruhetag des Herrn, deines Gottes. An diesem Tag sollst du nicht arbeiten, auch nicht dein Sohn oder deine Tochter, dein Sklave oder deine Sklavin, dein Vieh oder der Fremde, der bei dir lebt. Denn in sechs Tagen hat der Herr Himmel, Erde und Meer mit allem, was lebt, geschaffen. Am siebten Tag aber ruhte er. Deshalb hat er den siebten Tag der Woche gesegnet und zu einem heiligen Tag erklärt, der ihm gehört.
Du sollst deinen Vater und deine Mutter ehren. Dann wirst du lange in dem Land leben, das dir der Herr, dein Gott, gibt.
Du sollst nicht morden.
Du sollst nicht die Ehe brechen.
Du sollst nicht stehlen.
Du sollst nichts Unwahres über deinen Mitmenschen sagen.
Du sollst nicht versuchen, etwas an dich zu bringen, das deinem Mitmenschen gehört, weder seine Frau noch seinen Sklaven oder seine Sklavin, sein Rind oder seinen Esel noch irgendetwas anderes, das ihm gehört.«
Als das ganze Volk erlebte, wie es blitzte und donnerte, Posaunenschall ertönte und der Berg rauchte, bekam es große

Angst und blieb zitternd in weiter Ferne stehen. Die Leute sagten zu Mose: »Wir haben Angst, wenn Gott so mit uns redet. Wir werden noch alle umkommen! Sprich du an seiner Stelle zu uns, wir wollen auf dich hören.«

Da sagte Mose zum Volk: »Ihr müsst keine Angst haben. Gott ist nur gekommen, um euch auf die Probe zu stellen. Er will, dass ihr ihn ehrt und euch davor hütet, ihm ungehorsam zu sein.« Das Volk blieb also in der Ferne stehen. Mose aber näherte sich der dunklen Wolke, in der Gott war.

## Geschichten von König David

*Nach langer Wanderung durch die Wüste kann das Volk Israel das »Gelobte Land«, d. h. das ihm von Gott versprochene Land Kanaan, in Besitz nehmen. Doch seine Existenz bleibt gefährdet. Immer wieder versuchen feindlich gesinnte Volksstämme das Land zu erobern. In solchen Notzeiten beruft Gott Retter, die großen »Richter« Israels, die Israels Feinde zurückdrängen. Doch angesichts anhaltender äußerer Gefahr, die vor allem durch das Volk der Philister droht, wünscht sich Israel eine neue politische Ordnung – das Königtum –, das besser geeignet scheint, das Land dauerhaft zu sichern.*

*Der Prophet Samuel salbt Saul zum ersten König. Doch Saul ist dieser Aufgabe nicht gewachsen. Düstere Stimmungen sind Ausdruck seiner Schwäche (S. 54). Zuletzt verliert er eine entscheidende Schlacht gegen die Philister und nimmt sich selbst das Leben. Der Nachfolger steht schon bereit: David, den Gott sich als Herrscher erwählt hat und der ebenfalls von Samuel zum König gesalbt wird (S. 53–54). Im Sieg des nur mit einer Steinschleuder bewaffneten David über den Philister Goliat, ein Berufssoldat, der ihm – ausgestattet mit der ganzen Waffentechnologie seiner Zeit – gegenübertritt, zeigt sich, dass Gott diesem Menschen beisteht und seinem Tun Gelingen schenkt (S. 55–59).*

*David ist ein hervorragender Staatsmann. Unter seiner Herrschaft wird Israel zu einem eigenständigen Großreich. Ihren Höhepunkt erreicht die Geschichte Davids in Gottes Zusage, dass seine Dynastie für alle Zeiten bestehen werde (S. 60–61). Auf der Grundlage dieser Verheißung entstand später die Erwartung eines Messias, des Herrschers eines endzeitlichen Friedensreiches, das jenseits aller geschichtlichen Katastrophen durch Gott selbst heraufgeführt wird.*

*Doch David wird nicht als Mensch ohne Fehl und Tadel dargestellt. Die Erzählung von seinem Ehebruch mit Batseba und der Beseitigung ihres Ehemannes Urija lässt die dunklen Seiten seines Charakters zutage treten (S. 62–64), zeigt aber auch die Wendung zum Guten: wenn er sich selbst das Urteil sprechen muss, demütig sein Geschick aus der Hand Gottes annimmt und auf dessen Gnade hofft (S. 64–66). David ist und bleibt der Erwählte Gottes, der auf wunderbare Weise von Gott geliebt und erhalten wird.*

### David wird zum König gesalbt

Der Herr sagte zu Samuel: »Wie lange trauerst du noch um Saul? Ich habe ihn verstoßen; er kann nicht länger König über Israel sein. Fülle jetzt ein Horn mit Salböl und geh nach Betlehem zu Isai. Unter seinen Söhnen habe ich mir einen als König ausgewählt.«

»Aber wie kann ich das?«, wandte Samuel ein. »Wenn Saul es erfährt, bringt er mich um!« Der Herr antwortete: »Nimm eine Kuh mit und sage, du seist gekommen, um ein Opfer darzubringen. Lade auch Isai dazu ein. Ich sage dir dann, welchen von seinen Söhnen du zum König salben sollst.«

Samuel gehorchte dem Herrn und machte sich auf den Weg. In Betlehem kamen ihm die Ältesten der Stadt besorgt entgegen und fragten: »Dein Kommen bedeutet doch nichts Schlimmes?«

»Nein«, antwortete Samuel. »Ich komme, um dem Herrn ein Opfer darzubringen. Tut das Nötige, damit ihr rein seid, und kommt dann mit mir zum Opfermahl!« Er lud auch Isai und seine Söhne dazu ein und forderte sie auf, sich zu reinigen. Als Isai mit seinen Söhnen zum Opfermahl kam, fiel Samuels Blick auf Eliab und er dachte: »Das ist gewiss der, den der Herr ausgewählt hat!«

Doch der Herr sagte zu Samuel: »Lass dich nicht davon beeindrucken, dass er groß und stattlich ist. Er ist nicht der Erwählte. Ich urteile anders als die Menschen. Ein Mensch sieht, was in die Augen fällt; ich aber sehe ins Herz.«

Isai rief Abinadab und führte ihn Samuel vor. Aber Samuel sagte: »Auch ihn hat der Herr nicht ausgewählt.«

Dann ließ Isai Schima vortreten, aber Samuel wiederholte: »Auch ihn hat der Herr nicht ausgewählt.«

So ließ Isai alle sieben Söhne an Samuel vorbeigehen, aber Samuel sagte: »Keinen von ihnen hat der Herr ausgewählt.«

Dann fragte er Isai: »Sind das alle deine Söhne?« Isai antwortete: »Der jüngste fehlt noch, David, der hütet die Schafe.«

»Lass ihn holen«, sagte Samuel, »wir setzen uns nicht zum Opfermahl hin, bevor er hier ist!«

Isai schickte einen Boten und David kam. Der Junge war schön und kräftig und hatte klare Augen. »Er ist es, salbe ihn!«, sagte der Herr zu Samuel. Da goss Samuel Öl aus seinem Horn über ihn und salbte ihn zum König vor den Augen seiner Brüder. In diesem Augenblick nahm der Geist des Herrn Besitz von David und verließ ihn nicht mehr. Samuel aber kehrte nach Rama zurück.

**David spielt vor Saul**

Der Herr hatte seinen Geist von Saul genommen und ihm einen bösen Geist geschickt, der ihn oft quälte. Da sagten seine Leute zu Saul: »Du weißt selbst, dass ein böser Geist, von Gott geschickt, dich immer wieder befällt. Sollen wir uns nicht nach einem Mann umsehen, der Harfe spielen kann? Du brauchst es nur zu befehlen! Wenn dann der böse Geist über dich kommt, kannst du dir etwas vorspielen lassen; das wird dich aufmuntern.«

»Ja«, antwortete Saul, »sucht mir einen guten Harfenspieler und bringt ihn zu mir!«

Einer von den jungen Leuten sagte: »Ich kenne einen: Isai in Betlehem hat einen Sohn, der Harfe spielen kann. Er stammt aus einer angesehenen Familie und ist ein tüchtiger Kämpfer. Er versteht, zur rechten Zeit das rechte Wort zu sagen, und sieht sehr gut aus. Der Herr steht ihm bei.«

Da sandte Saul Boten zu Isai und ließ ihm sagen: »Schick mir doch deinen Sohn David, der die Schafe hütet!«

Isai gab David einen mit Broten beladenen Esel, einen Schlauch Wein und einen jungen Ziegenbock für Saul mit. So kam David ins Haus Sauls und trat in seinen Dienst. Der König gewann ihn lieb und machte ihn zu seinem Waffenträger. Seinem Vater Isai ließ er sagen: »Lass David in meinem Dienst bleiben! Er hat mein Wohlgefallen gefunden.«

Immer wenn der von Gott geschickte böse Geist über Saul kam, griff David zur Harfe und begann darauf zu spielen. Dann wurde es Saul leichter ums Herz, er fühlte sich wieder wohler und der böse Geist verließ ihn.

**Goliat fordert das Heer Israels heraus**

Die Philister zogen ihre Streitmacht bei Socho im Gebiet des Stammes Juda zusammen. In Efes-Dammim zwischen Socho und Aseka hatten sie ihr Lager. Saul bot alle wehrfähigen Männer Israels auf und ließ sie im Eichental das Lager beziehen. Als die Israeliten zum Kampf antraten, stellten sie sich am Abhang des Tales auf. Am gegenüberliegenden Abhang standen die Philister; dazwischen lag die Talsohle.

Da trat aus den Reihen der Philister ein einzelner Krieger hervor. Er hieß Goliat und stammte aus Gat. Er war über drei Meter groß und trug einen Helm, einen Schuppenpanzer und Beinschienen, alles aus Bronze; der Panzer allein wog mehr als einen Zentner. Er hatte ein bronzenes Krummschwert geschultert. Der Schaft seines Spießes war so dick wie ein Weberbaum und die eiserne Spitze wog fast vierzehn Pfund. Ein Soldat trug den großen Schild vor ihm her.

Der Mann trat vor die Reihen der Philister und rief den Israeliten zu: »Warum stellt ihr euch zur Schlacht auf? Ich stehe für die Philister und ihr steht für Saul. Wählt einen von euch aus! Er soll zu mir herabkommen und mit mir kämpfen. Wenn er mich besiegt und tötet, werden wir eure Sklaven. Wenn aber ich siege und ihn töte, müsst ihr unsere Sklaven werden und uns dienen.«

Dann schrie er: »Habt ihr gehört: Ich fordere das ganze Heer Israels heraus! Schickt mir einen Mann, damit wir miteinander kämpfen!«

Als Saul und die Männer Israels den Philister so reden hörten, erschraken sie und hatten große Angst.

David war – wie gesagt – ein Sohn von Isai, der zur Sippe Efrat zählte und in Betlehem, im Gebiet von Juda, wohnte. Isai hatte acht Söhne. Für den Kriegsdienst war er selbst schon zu alt, als Saul regierte. Aber seine drei ältesten Söhne, Eliab, Abinadab und Schima, waren mit dem Heer Sauls in den Krieg gezogen. David war der jüngste von seinen Söhnen. Er kam immer wieder vom Königshof nach Hause und hütete die Schafe seines Vaters.

Vierzig Tage lang trat Goliat morgens und abends vor und forderte die Israeliten zum Zweikampf heraus.

Da sagte Isai eines Tages zu David: »Geh zu deinen Brüdern ins Lager! Bring ihnen diesen Sack mit gerösteten Körnern und die zehn Brote. Dem Hauptmann nimmst du die zehn Käse

hier mit. Erkundige dich, wie es deinen Brüdern geht, und bring ein Lebenszeichen von ihnen mit. Sie sind mit Saul und allen Männern Israels im Eichental und kämpfen gegen die Philister.«
David übergab die Schafe einem Hütejungen. Früh am nächsten Morgen lud er alles auf einen Esel und machte sich auf den Weg, wie Isai es ihm aufgetragen hatte.
Als er zum Lager kam, rückte das Heer gerade aus und stellte sich zum Kampf auf. Die Männer stimmten den Schlachtruf an. Die Schlachtreihen der Israeliten und der Philister standen sich gegenüber. David ließ sein Gepäck bei der Lagerwache, lief an die Front zu seinen Brüdern und fragte sie, wie es ihnen gehe.
Während er mit ihnen sprach, trat wieder der Philister Goliat aus Gat vor und forderte die Israeliten zum Zweikampf heraus. Auch David hörte seine Worte. Sobald die Männer Israels den Philister sahen, bekamen sie große Angst und wichen vor ihm zurück. »Hast du ihn gesehen? Da kommt er!«, riefen sie einander zu. »Und wie er Israel verspottet! Wer ihn tötet, den macht der König zum reichen Mann; er soll sogar die Königstochter bekommen und seine ganze Familie wird von allen Abgaben befreit!«
David erkundigte sich bei den Männern, die in seiner Nähe standen: »Was für eine Belohnung bekommt der, der den Philister tötet und diese Schande von Israel nimmt? Dieser Unbeschnittene darf doch nicht das Heer des lebendigen Gottes verhöhnen!« Sie erklärten ihm noch einmal, was der König als Belohnung ausgesetzt hatte.
Als sein ältester Bruder Eliab ihn so mit den Männern reden hörte, wurde er zornig und sagte: »Was hast denn du hier zu suchen! Unsere kümmerlichen paar Schafe lässt du allein in der Wildnis; wer wird nun auf sie aufpassen? Ich weiß, wie vorwitzig du bist; ich kann mir schon denken, was dich hergetrieben hat. Du bist gekommen, um einmal den Krieg zu sehen!«
David erwiderte: »Was habe ich denn getan? Ich frage doch nur!« Er drehte sich um und fragte den Nächsten und wieder bekam er dieselbe Antwort.

## David besiegt Goliat

Es sprach sich herum, dass sich David so eingehend nach der Belohnung erkundigt hatte. Man berichtete es auch Saul und der ließ ihn zu sich rufen.
»Mein König!«, sagte David. »Lass dich von diesem Philister nicht einschüchtern! Ich werde mit ihm kämpfen.«
»Unmöglich! Das kannst du nicht«, erwiderte Saul. »Du bist ja fast noch ein Kind, und er ist ein Mann, der von Jugend auf mit den Waffen umgeht!«
»Mein König«, sagte David, »als ich die Schafe meines Vaters hütete, kam es vor, dass ein Löwe oder Bär sich ein Tier von der Herde holen wollte. Dann lief ich ihm nach, schlug auf ihn ein und rettete das Opfer aus seinem Rachen. Wenn er sich wehrte und mich angriff, packte ich ihn an der Mähne und schlug ihn tot. Mit Löwen und Bären bin ich fertig geworden. Diesem unbeschnittenen Philister soll es nicht besser ergehen! Er wird dafür büßen, dass er das Heer des lebendigen Gottes verhöhnt hat! Der Herr hat mich vor den Krallen der Löwen und Bären geschützt, er wird mich auch vor diesem Philister beschützen!«
»Gut«, sagte Saul, »kämpfe mit ihm; der Herr wird dir beistehen!« Er gab ihm seine eigene Rüstung, zog ihm den Brustpanzer an und setzte ihm den bronzenen Helm auf. David hängte sich das Schwert um und machte ein paar Schritte. Doch er war es nicht gewohnt.
»Ich kann darin nicht gehen«, sagte er zu Saul, »ich habe noch nie eine Rüstung getragen.« Er legte alles wieder ab und nahm seinen Hirtenstock. Im Bachbett suchte er fünf glatte Kieselsteine und steckte sie in seine Hirtentasche. In der Hand hielt er seine Schleuder; so ging er dem Philister entgegen.
Auch Goliat rückte vor; sein Schildträger ging vor ihm her. Als er nahe genug war, sah er, wer ihm da entgegenkam: ein Halbwüchsiger, kräftig und schön. Er war voll Verachtung für ihn und rief ihm zu: »Was willst du denn mit deinem Stock? Bin ich vielleicht ein Hund?« Dann rief er den Zorn seiner Götter auf David herab. »Komm nur her«, spottete er, »dein Fleisch will ich den Geiern und Raubtieren zu fressen geben!«
Doch David antwortete: »Du trittst gegen mich an mit Säbel, Spieß und Schwert. Ich aber komme mit dem Beistand des Herrn, des Herrschers der Welt, des Gottes, dem das Heer Israels folgt und den du verhöhnt hast.
Er wird dich heute in meine Hand

geben. Ich werde dich töten und dir den Kopf abschlagen, und die Leichen der übrigen Philister werde ich den Vögeln und Raubtieren zu fressen geben. Dann wird die ganze Welt erkennen, dass das Volk Israel einen Gott hat, der es beschützt.
Auch die hier versammelten Israeliten sollen sehen, dass der Herr weder Schwert noch Speer braucht, um sein Volk zu retten. Denn der Herr bestimmt den Ausgang des Krieges und wird euch Philister in unsere Hand geben.«
Goliat ging vorwärts und kam auf David zu. David lief ihm entgegen, griff in seine Hirtentasche, holte einen Stein heraus, schleuderte ihn und traf den Philister am Kopf. Der Stein durchschlug die Stirn und Goliat stürzte vornüber zu Boden. Ohne Schwert, nur mit Schleuder und Stein, hatte David ihn besiegt und getötet. Er lief zu dem Gestürzten hin, zog dessen Schwert aus der Scheide und schlug ihm den Kopf ab.
Als die Philister sahen, dass ihr stärkster Mann tot war, liefen sie davon. Die Männer von Israel und Juda aber stimmten das Kriegsgeschrei an und verfolgten sie bis nach Gat und bis vor die Stadttore von Ekron.

Als das Heer heimkehrte und zusammen mit ihm David, der den stärksten Mann der Philister erschlagen hatte, zogen Frauen aus allen Städten Israels König Saul entgegen. Sie tanzten und sangen zum Klang der Harfen und Handpauken und wiederholten jubelnd immer wieder:
»Tausend Feinde hat Saul erschlagen, doch zehntausend waren's, die David erschlug!«
Dieses Lied gefiel Saul ganz und gar nicht und er wurde sehr zornig. »David schreiben sie zehntausend zu«, dachte er, »und mir nur tausend! Jetzt fehlt nur noch, dass er König wird!«

*Die Eifersucht Sauls wuchs und mehrmals versuchte er David aus dem Weg zu räumen, musste sich aber letztlich der Entscheidung Gottes fügen. Nachdem Saul gestorben war, wurde David König.*

**Natans Verheißung für David**

König David wohnte in Frieden in seinem Palast. Der Herr hielt alle Feinde von ihm fern. Da sagte der König eines Tages zu dem Propheten Natan: »Ich wohne hier in einem Palast aus Zedernholz und die Lade Gottes steht in einem Zelt. Ist das in Ordnung?«

Natan bestärkte den König und sagte zu ihm: »Mach dich nur ans Werk und führe aus, was du im Herzen bewegst! Der Herr wird dir beistehen.«

Aber in der folgenden Nacht erging das Wort des Herrn an Natan, er sagte zu ihm: »Geh zu meinem Diener David und richte ihm aus: ›So spricht der Herr: *Du* willst mir ein Haus bauen, in dem ich wohnen soll? Seit ich die Israeliten aus Ägypten herausgeführt und in dieses Land gebracht habe, habe ich noch nie in einem Haus gewohnt. Bis heute bin ich stets mit einem Zelt als Wohnung umhergezogen.‹ Darum sollst du meinem Diener David ausrichten: ›So spricht der Herr, der Herrscher der Welt: Ich habe dich von der Schafherde weggeholt und zum Herrscher über mein Volk Israel gemacht. Bei allem, was du unternommen hast, habe ich dir geholfen und habe alle deine Feinde vernichtet. Ich habe dich berühmt gemacht und du wirst zu den Großen der Erde gezählt. Meinem Volk Israel habe ich eine Heimat gegeben, ein Land, in dem es sicher leben kann und sich nicht mehr vor Unterdrückern fürchten muss wie früher, auch noch zu der Zeit, als ich Richter über mein Volk berief.

Dir aber habe ich Ruhe verschafft und deine Feinde von dir fern gehalten. Und nun kündige ich, der Herr, dir an, dass *ich dir* ein Haus bauen werde, nicht du mir! Wenn deine Zeit abgelaufen ist und du stirbst, werde ich dafür sorgen, dass einer deiner Söhne dir auf dem Königsthron folgt. Der wird dann ein Haus für mich bauen und ich werde seine Herrschaft und die seiner Nachkommen für alle Zeiten fest begründen. Ich will sein Vater sein und er soll mein Sohn sein. Wenn er sich verfehlt, werde ich ihn nach Menschenmaß bestrafen wie ein irdischer Vater seinen Sohn; aber meine Liebe will ich ihm nicht entziehen, wie ich sie Saul entzogen habe. Ihn habe ich verstoßen und dich an seiner Stelle zum König gemacht. Dein Königshaus und deine Königsherrschaft werden vor mir für immer Bestand haben; dein Thron wird für alle Zeiten feststehen.«

Natan sagte David alles, was der Herr ihm offenbart und für David aufgetragen hatte. Da ging der König in das Zelt des Herrn, kniete vor dem Herrn nieder und betete:

»Herr, du mächtiger Gott, ich bin es nicht wert, dass du mich und meine Familie so weit gebracht hast! Aber das war in deinen Augen noch zu wenig, Herr, du mächtiger Gott: Du hast Zusagen gemacht, die noch meinen fernsten Nachkommen gelten.

Ich brauche dir nichts weiter zu sagen, du kennst meine innersten Gedanken, Herr, du mächtiger Gott! Weil du es zugesagt hattest und weil es dein Wille war, hast du all dies Große getan und es mich, deinen Diener, wissen lassen.

Herr, du mächtiger Gott, wie groß bist du! Niemand ist dir gleich. Alles, was wir je gehört haben, bestätigt: Es gibt keinen Gott außer dir.

Nun, Herr, du mächtiger Gott, du allein bist wirklich Gott und auf deine Worte ist Verlass. Du hast mir all dies Gute versprochen. Darum bitte ich dich: Segne mein Königshaus, damit es für immer vor deinen Augen Bestand hat und zu allen Zeiten einer meiner Nachkommen auf meinem Thron sitzt.

Herr, du mächtiger Gott, du hast es zugesagt und durch deinen Segen wird mein Haus für immer gesegnet sein.«

**David und Batseba**

Im folgenden Frühjahr, um die Zeit, wenn die Könige in den Krieg ziehen, schickte David Joab mit seinen Kriegsleuten und dazu das ganze Heer Israels von neuem in den Kampf. Sie setzten den Ammonitern schwer zu und belagerten ihre Hauptstadt Rabba. David selbst blieb in Jerusalem.

An einem Spätnachmittag erhob sich David von der Mittagsruhe und ging auf dem flachen Dach des Königspalastes auf und ab. Da sah er im Hof des Nachbarhauses eine Frau, die gerade badete. Sie war sehr schön. David ließ einen Diener kommen und erkundigte sich, wer sie sei. Man sagte ihm: »Das ist doch Batseba, die Tochter Ammiëls und Frau des Hetiters Urija.«

David schickte Boten hin und ließ sie holen. Sie kam zu ihm und er schlief mit ihr. Sie hatte gerade die Reinigung nach ihrer monatlichen Blutung vorgenommen. Danach kehrte sie wieder in ihr Haus zurück.

Die Frau wurde schwanger und ließ David ausrichten: »Ich bin schwanger geworden!« Da sandte er einen Boten zu Joab mit dem Befehl: »Schick mir den Hetiter Urija her!« Und Joab schickte ihn zu David.



Als Urija kam, erkundigte sich David, ob es Joab gut gehe und den Kriegsleuten gut gehe und ob die Kampfhandlungen erfolgreich verliefen. Dann sagte er zu ihm: »Geh jetzt nach Hause und ruh dich aus!« Als Urija den Palast verließ, wurde ein königliches Ehrengeschenk hinter ihm hergetragen.

Doch Urija ging nicht in sein Haus, sondern übernachtete mit den anderen Dienern seines Herrn am Tor des Königspalastes.

Als David gemeldet wurde: »Urija ist nicht nach Hause gegangen«, fragte er ihn: »Warum gehst du nicht nach Hause? Du hast doch einen langen Weg hinter dir?«

Urija antwortete: »Die Männer Israels und Judas stehen im Feld und auch die Bundeslade hat nur ein Zeltdach über sich; mein Befehlshaber Joab und seine Offiziere lagern auf dem bloßen Boden. Und da soll ich nach Hause gehen, essen und trinken und mit meiner Frau schlafen? So gewiss du lebst: Das werde ich nicht tun!«

David sagte: »Bleib noch einen Tag hier; morgen lasse ich dich gehen!« Urija blieb den Tag in Jerusalem. Am nächsten Tag lud David ihn an seine Tafel. Er machte ihn betrunken, aber wieder ging

Urija am Abend nicht nach Hause, sondern legte sich bei den anderen Dienern seines Herrn schlafen.
Am nächsten Morgen schrieb David einen Brief an Joab und ließ ihn durch Urija überbringen. Darin stand: »Stellt Urija in die vorderste Linie, wo der Kampf am härtesten ist! Dann zieht euch plötzlich von ihm zurück, sodass er erschlagen wird und den Tod findet.«
Joab wusste, wo die Gegner ihre tapfersten Kämpfer hatten. Als nun die Israeliten die Stadt weiter belagerten, stellte er Urija genau an diese Stelle. Einmal machten dort die Belagerten einen Ausfall und lieferten Joab ein Gefecht, bei dem einige von Davids Leuten fielen. Auch Urija fand dabei den Tod.

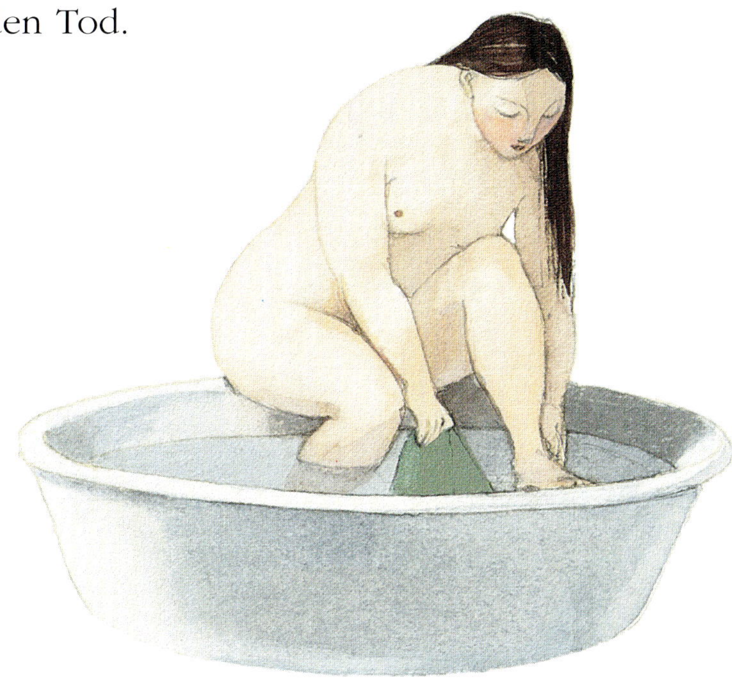

Joab meldete David den Verlauf des Gefechts. Er schärfte dem Boten ein: »Wenn du den ganzen Hergang berichtet hast, wird der König vielleicht zornig und fragt dich: ›Warum seid ihr beim Kampf so nahe an die Stadt herangegangen? Ihr wisst doch, dass von der Mauer heruntergeschossen wird! Habt ihr vergessen, wie es Abimelech, dem Sohn Jerubbaals, vor Tebez erging, als eine Frau den Mahlstein einer Handmühle von der Mauer warf, der ihn erschlug? Warum seid ihr so nahe an die Mauer herangerückt?‹ Dann sollst du sagen: ›Auch dein Diener Urija, der Hetiter, ist ums Leben gekommen.‹«

Der Bote ging zu David und meldete ihm alles, was Joab ihm aufgetragen hatte. Er berichtete: »Die Feinde waren stärker als wir, sie machten einen Ausfall und griffen uns auf offenem Feld an. Doch wir drängten sie bis dicht an das Stadttor zurück. Da schossen die Bogenschützen von der Mauer auf uns herunter. Einige von deinen Leuten fielen, auch dein Diener Urija, der Hetiter, fand dabei den Tod.«
David befahl dem Boten: »Sag Joab von mir: ›Nimm die Sache nicht so schwer! Das Schwert holt sich bald diesen, bald jenen. Nur Mut! Kämpfe noch entschiedener gegen die Stadt, bis sie zerstört ist!‹ So sollst du ihm Mut machen.«
Als die Frau Urijas hörte, dass ihr Mann gefallen war, hielt sie für ihn die Totenklage. Nach Ablauf der Trauerzeit holte David sie zu sich in seinen Palast und heiratete sie. Sie gebar ihm einen Sohn. Doch dem Herrn missfiel, was David getan hatte.



**David muss sich selbst das Urteil sprechen**

Deshalb sandte der Herr den Propheten Natan zu David. Natan ging zum König und sagte:
»Ich muss dir einen Rechtsfall vortragen: Zwei Männer lebten in derselben Stadt. Der eine war reich, der andere arm. Der Reiche besaß eine große Zahl von Schafen und Rindern. Der Arme hatte nichts außer einem einzigen kleinen Lämmchen. Er hatte es gekauft und zog es zusammen mit seinen Kindern bei sich auf. Es aß von seinem Brot, trank aus seinem Becher und schlief in seinem Schoß. Er hielt es wie eine Tochter.
Eines Tages bekam der reiche Mann Besuch. Er wollte keines von seinen eigenen Schafen oder Rindern für seinen Gast hergeben. Darum nahm er dem Armen das Lamm weg und setzte es seinem Gast vor.«
David brach in heftigen Zorn aus und rief: »So gewiss der Herr lebt: Der Mann, der das getan hat, muss sterben! Und das Lamm muss er vierfach ersetzen – als Strafe dafür, dass er diese Untat begangen und kein Mitleid gehabt hat!«
»*Du* bist der Mann!«, sagte Natan zu David. »Und so spricht der Herr, der Gott Israels:

›Ich habe dich zum König über Israel gesalbt und dich vor den Nachstellungen Sauls gerettet. Ich habe dir den ganzen Besitz deines Herrn gegeben, habe seine Frauen in deinen Schoß gelegt und dich zum König über Juda und Israel gemacht. Und wenn das noch zu wenig war, hätte ich dir noch dies und das geben können. Warum hast du meine Gebote missachtet und getan, was mir missfällt? Du hast den Hetiter Urija auf dem Gewissen, durch das Schwert der Ammoniter hast du ihn umbringen lassen und dann hast du dir seine Frau genommen. Genauso wird nun das Schwert sich in aller Zukunft in deiner Familie Opfer suchen, weil du mich missachtet und die Frau des Hetiters zu deiner Frau gemacht hast.‹«

Und auch das sagte Natan noch: »So spricht der Herr: ›Aus deiner eigenen Familie lasse ich Unglück über dich kommen. Du wirst mit ansehen müssen, wie ich dir deine Frauen wegnehme und sie einem anderen gebe, der am helllichten Tag mit ihnen schlafen wird. Was du heimlich getan hast, will ich im Licht des Tages geschehen lassen und ganz Israel wird es sehen.‹«

David sagte zu Natan: »Ich bekenne mich schuldig vor dem Herrn!«
Natan erwiderte: »Auch wenn der Herr über deine Schuld hinwegsieht und du nicht sterben musst – der Sohn, den dir Batseba geboren hat, muss sterben, weil du mit deiner Untat den Herrn verhöhnt hast!«
Dann ging Natan nach Hause.
Der Herr aber ließ das Kind, das Urijas Frau geboren hatte, schwer krank werden. David flehte Gott an, es am Leben zu lassen. Er rührte kein Essen an und legte sich nachts zum Schlafen auf den nackten Boden. Die vertrautesten unter seinen Hofleuten gingen zu ihm und wollten ihn aufheben und ins Bett bringen, aber er ließ es nicht zu und aß auch nicht mit ihnen.
Nach einer Woche starb das Kind. Keiner von Davids Dienern wagte ihm zu sagen, dass es tot war. »Schon als das Kind noch lebte, wollte er sich nicht trösten lassen«, sagten sie zueinander. »Wenn er nun erfährt, dass es gestorben ist, wird es für uns gefährlich!«
Als David merkte, dass seine Diener miteinander flüsterten, wurde ihm klar, was geschehen war. »Ist das Kind tot?« fragte er.
»Ja«, antworteten sie.
Da stand David vom Boden auf, wusch und salbte sich und zog frische Kleider an. Dann ging er ins Heiligtum und warf sich vor dem Herrn nieder. Wieder in seinen Palast zurückgekehrt, ließ er sich etwas zu essen bringen.
Seine Leute fragten ihn: »Wie sollen wir das verstehen? Als das Kind noch lebte, hast du geweint und gefastet, und nun, wo es gestorben ist, stehst du auf und isst!«
Doch David sagte: »Solange das Kind noch lebte, habe ich gefastet und geweint, weil ich dachte: Vielleicht hat der Herr doch noch Erbarmen mit mir und lässt es am Leben. Aber nun ist es tot; was soll ich mich da noch kasteien? Ich kann es ja doch nicht wieder zum Leben erwecken. Ich folge ihm einmal nach – aber zu mir kommt es nicht mehr zurück.«
Dann ging David zu Batseba, seiner Frau, und tröstete sie. Er schlief mit ihr und sie bekam wieder einen Sohn. David gab ihm den Namen Salomo. Der Herr wandte dem Kind seine Liebe zu.

**Lieder und Gebete**

*Das hebräische Wort für das Psalmenbuch bedeutet »Loblieder«, »Hymnensammlung«. Die griechische Bezeichnung »Psalter« meint ursprünglich das Saiteninstrument, mit dem die Psalmen begleitet wurden. Psalmen sind also zur Psalterbegleitung gesungene Lieder. Daher sind sie in der für die hebräische Poesie charakteristischen Form des Parallelismus abgefasst, bei dem jeweils zwei Zeilen ein zusammengehöriges Verspaar bilden.*

*Die Zeilen sind nicht wie bei deutschen Gedichten durch einen Lautreim, sondern durch einen »Sinnreim« verbunden: Die zweite Zeile antwortet inhaltlich auf die erste, indem sie deren Aussage mit anderen Worten wiederholt oder einen Gegensatz dazu formuliert. Beim Vortrag konnten diese Formulierungen gut auf zwei Sprechergruppen oder Chöre verteilt werden.*

*Die meisten Psalmen sind aus dem Gottesdienst Israels erwachsen. Bei vielen Psalmen kann man noch den Anlass erkennen, zu dem sie ursprünglich vorgetragen wurden: Die Loblieder preisen die großen Taten Gottes in Geschichte und Schöpfung; ihnen verwandt sind die Danklieder, in denen ein Beter vor der versammelten Gemeinde bekennt, was Gott an ihm getan hat. Unsere Unterscheidung von Loben und Danken ist dem Alten Testament allerdings noch fremd. Das entsprechende hebräische Wort bedeutet beides und schließt auch den Sinn von »Bekennen« ein. Ebenso liegt unsere Unterscheidung zwischen dem Einzelnen und der Gemeinschaft den Psalmen fern. Das »Ich« der Psalmen ist immer auch Vertreter der Gemeinschaft, in dem und durch den viele zu Wort kommen.*

*Viele Psalmen im Alten Testament sind Klagelieder. In ihnen trägt das Volk oder ein Einzelner Gott seine Not vor und bittet um Hilfe und Errettung. In diesen Liedern ist uns etwas vom Tiefsten des Glaubens Israels überliefert. Das gläubige Sich-Verlassen auf Gott, das in ihnen zum Ausdruck kommt, vermag auch uns zu trösten und aufzurichten.*

*Daneben finden sich Lieder, die diesem Gottesverhältnis direkt Ausdruck geben: die Vertrauenslieder.*

*Der Psalter war für die christliche Gemeinde immer ein wohlbekanntes Buch. Schon die ersten Christen fanden in vielen Psalmen den Weg ihres Herrn Jesus Christus beschrieben. So wurde der Psalter zum Gesang- und Gebetbuch auch der neutestamentlichen Gemeinde.*

**Der Herr ist mein Hirt**

Der Herr ist mein Hirt;
darum leide ich keine Not.
Er bringt mich auf saftige Weiden,
lässt mich ruhen am frischen Wasser
und gibt mir neue Kraft.
Auf sicheren Wegen leitet er mich,
dafür bürgt er mit seinem Namen.
Und muss ich auch durchs finstere Tal –
ich fürchte kein Unheil!
Du, Herr, bist ja bei mir;
du schützt mich und du führst mich,
das macht mir Mut.
Vor den Augen meiner Feinde
deckst du mir deinen Tisch;
festlich nimmst du mich bei dir auf
und füllst mir den Becher randvoll.
Deine Güte und Liebe umgeben mich
an jedem neuen Tag;
in deinem Haus darf ich nun bleiben
mein Leben lang.

**Alle Welt soll Gott preisen!**

Preist den Herrn, alle Völker!
Rühmt ihn, ihr Nationen alle!
Denn seine Güte zu uns ist übergroß
und seine Treue hört niemals auf.

Preist den Herrn – Halleluja!

## Gott und Mensch

Herr, unser Herrscher! Groß ist dein
Ruhm auf der ganzen Erde!
Deine Hoheit reicht höher als der
Himmel.
Aus dem Lobpreis der Schwachen und
Hilflosen baust du eine Mauer,
an der deine Widersacher und Feinde
zu Fall kommen.
Ich bestaune den Himmel,
das Werk deiner Hände,
den Mond und alle die Sterne,
die du geschaffen hast:
Wie klein ist da der Mensch,
wie gering und unbedeutend!
Und doch gibst du dich mit ihm ab
und kümmerst dich um ihn!
Ja, du hast ihm Macht und Würde
verliehen;
es fehlt nicht viel und er wäre wie du.
Du hast ihn zum Herrscher gemacht
über deine Geschöpfe,
alles hast du ihm unterstellt:
die Schafe, Ziegen und Rinder,
die Wildtiere in Feld und Wald,
die Vögel in der Luft
und die Fische im Wasser,
die kleinen und die großen,
alles, was die Meere durchzieht.
Herr, unser Herrscher, groß ist dein
Ruhm auf der ganzen Erde!

## Von Ängsten befreit

Den Herrn will ich preisen zu jeder Zeit,
nie will ich aufhören, ihm zu danken.
Was er getan hat, will ich rühmen.
Hört es, ihr Unterdrückten, und freut
euch!
Preist mit mir die Taten des Herrn;
lasst uns gemeinsam seinen Namen
ehren!

Der Herr hat ein offenes Auge für alle,
die ihm die Treue halten,
und ein offenes Ohr für ihre Bitten.
Denen, die Böses tun, widersteht er
und lässt die Erinnerung an sie
mit ihnen sterben.
Doch wenn seine Treuen rufen,
hört er sie
und rettet sie aus jeder Bedrängnis.
Wenn sie verzweifelt sind
und keinen Mut mehr haben,
dann ist er ihnen nahe und hilft.
Wer dem Herrn treu bleibt,
geht durch viele Nöte,
aber aus allen befreit ihn der Herr.
Er bewahrt ihn so unversehrt,
dass ihm kein Knochen gebrochen wird.
Doch wer Unrecht tut,
den bringt sein Unrecht um.
Wer die Vertrauten des Herrn hasst,
wird seiner Strafe nicht entgehen.

Der Herr rettet das Leben aller,
die bei ihm Schutz suchen;
sie haben kein Unheil zu fürchten.

**Gott ist bei dir!**

»Ich blicke hinauf zu den Bergen:
Woher wird mir Hilfe kommen?«
»*Meine* Hilfe kommt vom Herrn,
der Himmel und Erde gemacht hat!
Und du sollst wissen:
Der Herr lässt nicht zu, dass du zu
Fall kommst.
Er gibt immer auf dich Acht.
Er, der Beschützer Israels,
wird nicht müde und schläft nicht ein;
er sorgt auch für dich.
Der Herr ist bei dir,
hält die Hand über dich,
damit dich die Hitze der Sonne
nicht quält
und der Mond dich nicht krank macht.
Der Herr wendet Gefahr von dir ab
und bewahrt dein Leben.
Auf all deinen Wegen wird er dich
beschützen,
vom Anfang bis zum Ende,
jetzt und in aller Zukunft!«

**Deine Herrschaft hört niemals auf!**

Du mein Gott und König,
dich will ich rühmen;
immer, ohne Ende, will ich dir danken!
Jeden Tag, Gott, will ich dir danken;
immer, ohne Ende, will ich dich preisen!
Ich will bekennen:
»Der Herr ist mächtig, groß ist sein Ruhm,
unermesslich ist seine Macht!«
Jede Generation soll es der nächsten
sagen,
sie soll rühmen, was du vollbracht hast,
und deine machtvollen Taten
weitererzählen!
Deine Pracht und Hoheit sollen alle
rühmen,
und ich will stets an deine Wunder
denken!
Deine gewaltige Macht sollen sie
verkünden,
und ich will erzählen von deinen Taten!
Deine reiche Güte sollen sie rühmen
und deine Treue laut besingen:
»Der Herr ist voll Liebe und Erbarmen,
er hat Geduld, seine Güte kennt keine
Grenzen.
Der Herr ist gut zu allen,
er erbarmt sich über alle seine
Geschöpfe.«

Alle deine Geschöpfe sollen dich
preisen, Herr,
alle, die zu dir gehören, sollen dir
danken!
Vom Glanz deines Königtums sollen sie
reden
und von deiner gewaltigen Macht,
damit alle Menschen von deinen Taten
hören,
von der Herrlichkeit und Pracht
deines Königtums!
Du bist König für alle Zeiten
und deine Herrschaft hört niemals auf!
Der Herr ist verlässlich in allem, was
er sagt,
und gütig in allem, was er tut.
Er stützt alle, die zusammenbrechen,
er richtet die Niedergebeugten auf.
Alle blicken voll Hoffnung auf dich
und jedem gibst du Nahrung
zur rechten Zeit.
Du öffnest deine wohltätige Hand,
und alles, was lebt, wird satt.
Der Herr ist gerecht in seinem Handeln
und gütig in allen seinen Taten.
Er ist denen nahe, die zu ihm beten –
allen, die aufrichtig zu ihm beten.
Er erfüllt die Bitten der Menschen,
die ihm gehorchen;
er hört ihr Schreien und rettet sie.
Der Herr beschützt alle, die ihn lieben;
doch alle, die ihn missachten,
macht er zunichte.
Ich will den Ruhm des Herrn
verkünden,
und alles, was lebt, soll ihm danken,
ihm, dem heiligen Gott,
immer und ohne Ende!

**Gebet in tiefster Not**

Aus der Tiefe meiner Not
schreie ich zu dir.
Sei nicht taub für meinen Hilferuf!
Wenn du Vergehen anrechnen wolltest,
Herr, wer könnte vor dir bestehen?
Aber bei dir finden wir Vergebung,
damit wir dich ehren und dir
gehorchen.
Ich setze meine ganze Hoffnung
auf den Herrn,
ich warte auf sein helfendes Wort.
Ich sehne mich nach dem Herrn
mehr als ein Wächter nach dem
Morgengrauen,
mehr als ein Wächter sich nach dem
Morgen sehnt.
Volk Israel, hoffe auf den Herrn!
Denn er ist gut zu uns
und immer bereit, uns zu retten.
Ja, er wird Israel retten von aller Schuld!

**Gott, der Schutz der Schwachen**

Auf, mein Herz, preise den Herrn!
Ich will ihn loben mein Leben lang,
meinem Gott will ich singen,
solange ich atme!
Verlasst euch nicht auf Leute,
die Macht und Einfluss haben!
Sie sind auch nur Menschen
und können euch nicht helfen.
Sie müssen sterben und zu Staub
zerfallen
und mit ihnen vergehen auch ihre
Pläne.
Wie glücklich aber ist jeder,
der den Gott Jakobs zum Helfer hat
und auf ihn seine Hoffnung setzt,
auf den Herrn, seinen Gott!
Der Herr hat die ganze Welt geschaffen:
den Himmel, die Erde und das Meer,
samt allen Geschöpfen, die dort leben.
Seine Treue hat kein Ende,
er steht zu seinem Wort:
Den Unterdrückten verschafft er Recht,
den Hungernden gibt er zu essen,
die Gefangenen macht er frei.
Die Blinden macht er sehend,
die Verzweifelten richtet er auf.
Der Herr bleibt König für alle Zeiten!
Zion, dein Gott wird herrschen
von Generation zu Generation!
Preist den Herrn – Halleluja!

## Worte der Propheten: Jesaja und Jeremia

*Unter einem Propheten versteht man meist einen Menschen, der die Zukunft vorhersagt. Das ist jedoch nicht der Sinn des biblischen Begriffs. Die Propheten des Alten Testaments waren von Gott gesandt, um die Sünden ihrer Zeitgenossen anzuprangern und vor dem Gericht zu warnen, das eintreten würde, wenn sie Gottes Wort verachteten. Der Prophet Jesaja wirkte in Jerusalem, der Hauptstadt Judas, zwischen 736 und 701 v. Chr. In dieser Zeit begann das Assyrische Reich seine Macht bis zum Mittelmeer auszudehnen. Durch eine ausgeklügelte Bündnispolitik versuchte Juda sich vor dieser Bedrohung zu schützen, doch Jesaja verkündete das uneingeschränkte Nein Gottes über solche Absicherungsversuche. Gott selbst wird den Zion, mit dem er sich durch seinen Tempel verbunden hat, schützen und die wunderbare Vision von der Friedensordnung erfüllen, die die ganze Welt umfasst (S. 76). Schon bei seiner Berufung (S. 74) wird Jesaja auf die negative Wirkung seiner Worte vorbereitet: Sein Volk will die Botschaft nicht hören (die Herzen sind »verstockt«). Doch zuletzt wird aus dem elenden Stumpf, der nach dem Gericht übrig bleibt, wieder neues Leben wachsen (S. 77–78).*
*Auch der Prophet Jeremia wirkte in politisch stürmischen Zeiten Ende des 7. und Anfang des 6. Jahrhunderts v. Chr. in Jerusalem. Die Macht des Assyrischen Reiches ist endgültig gebrochen; aber mit dem Babylonischen Reich tritt eine neue, nicht weniger gefährliche Großmacht auf (S. 78–79). Gegen Ende seiner Tätigkeit haben die Babylonier Juda erobert, die Stadt Jerusalem dem Erdboden gleichgemacht und große Teile der Bevölkerung nach Babylonien deportiert.*
*Ähnlich wie Jesaja sieht auch der Prophet Jeremia sein Volk nicht durch die benachbarten Großmächte bedroht, sondern durch das Verhalten der Verantwortlichen und des Volkes, die sich fremden Göttern, v. a. dem kanaanäischen Wetter- und Fruchtbarkeitsgott Baal, zuwenden (S. 80). Aus seiner Klage zu Gott wissen wir, wie schwer Jeremia sein Auftrag fiel (S. 82). Aber er darf den Israeliten auch sagen, dass die Katastrophe nicht das Ende des Weges Gottes mit seinem Volk sein wird, sondern dass Gott einen »neuen Bund« mit ihm schließen wird, der »in Herz und Gewissen« der Menschen geschrieben steht (S. 83).*

## Jesajas Berufung

Es war in dem Jahr, als König Usija starb. Da sah ich den Herrn; er saß auf einem sehr hohen Thron. Der Saum seines Mantels füllte den ganzen Tempel. Er war umgeben von mächtigen Engeln. Jeder von ihnen hatte sechs Flügel; mit zweien bedeckte er sein Gesicht, mit zweien den Leib, zwei hatte er zum Fliegen. Die Engel riefen einander zu:

»Heilig, heilig, heilig ist der Herr,
der Herrscher der Welt,
die ganze Erde bezeugt seine Macht!«

Von ihrem Rufen bebten die Fundamente des Tempels und das Haus füllte sich mit Rauch. Vor Angst schrie ich auf: »Ich bin verloren! Ich bin unwürdig, den Herrn zu preisen, und lebe unter einem Volk, das genauso unwürdig ist. Und ich habe den König gesehen, den Herrscher der Welt!«

Da kam einer der mächtigen Engel zu mir geflogen. Er hatte eine glühende Kohle, die er mit der Zange vom Altar genommen hatte. Damit berührte er meinen Mund und sagte: »Die Glut hat deine Lippen berührt. Jetzt bist du von deiner Schuld befreit, deine Sünde ist dir vergeben.«

Dann hörte ich, wie der Herr sagte:

»Wen soll ich senden? Wer ist bereit, unser Bote zu sein?«

Ich antwortete: »Ich bin bereit, sende mich!«

Da sagte er: »Geh und sag zu diesem Volk: ›Hört nur zu, ihr versteht doch nichts; seht hin, so viel ihr wollt, ihr erkennt doch nichts!‹ Rede zu ihnen, damit ihre Herzen verstockt werden, ihre Ohren verschlossen und ihre Augen verklebt, sodass sie mit ihren Augen nicht sehen, mit ihren Ohren nicht hören und mit ihrem Verstand nicht erkennen. Ich will nicht, dass sie zu mir umkehren und geheilt werden.«

»Wie lange soll das dauern, Herr?«, fragte ich.

Der Herr antwortete: »Bis die Städte zerstört sind und die Häuser leer stehen und das ganze Land zur Wüste geworden ist. Ich werde die Menschen fortschaffen und das Land wird leer und verlassen sein. Und ist noch ein Zehntel übrig, so wird es ihnen gehen wie den Trieben, die aus dem Stumpf einer gefällten Eiche oder Terebinthe wachsen: Sie werden abgefressen!«

Der Stumpf aber bleibt und aus dem Stumpf wird neues Leben sprossen zu Gottes Ehre.

**Verheißung für Zion**

In einer Offenbarung empfing Jesaja, der Sohn von Amoz, folgende Botschaft über Juda und Jerusalem:
Es kommt eine Zeit, da wird der Berg, auf dem der Tempel des Herrn steht, unerschütterlich fest stehen und alle anderen Berge überragen. Alle Völker strömen zu ihm hin. Überall werden die Leute sagen: »Kommt, wir gehen auf den Berg des Herrn, zu dem Haus, in dem der Gott Jakobs wohnt! Er soll uns lehren, was recht ist; was er sagt, wollen wir tun!«
Denn vom Zionsberg in Jerusalem wird der Herr sein Wort ausgehen lassen. Er weist die Völker zurecht und schlichtet ihren Streit. Dann schmieden sie aus ihren Schwertern Pflugscharen und aus ihren Speerspitzen Winzermesser. Kein Volk wird mehr das andere angreifen und niemand lernt mehr das Kriegshandwerk.
Auf, ihr Nachkommen Jakobs, lasst uns in dem Licht leben, das vom Herrn ausgeht!

**Licht für das Volk im Dunkel**

Das Volk, das im Dunkeln lebt, sieht ein großes Licht; für alle, die im Land der Finsternis wohnen, leuchtet ein Licht auf. Herr, du vermehrst sie und schenkst ihnen große Freude. Sie freuen sich vor dir wie bei der Ernte und wie beim Verteilen der Kriegsbeute. Wie damals, als du das Volk von den Midianitern befreit hast, zerbrichst du das Joch der Fremdherrschaft, das auf ihnen lastet, und den Stock, mit dem sie zur Zwangsarbeit angetrieben werden. Die Soldatenstiefel, deren dröhnenden Marschtritt sie noch im Ohr haben, und die blutbefleckten Soldatenmäntel werden ins Feuer geworfen und verbrannt.
Denn ein Kind ist geboren, der künftige König ist uns geschenkt! Und das sind die Ehrennamen, die ihm gegeben werden: umsichtiger Herrscher, mächtiger Held, ewiger Vater, Friedensfürst. Seine Macht wird weit reichen und dauerhafter Frieden wird einkehren. Er wird auf dem Thron Davids regieren und seine Herrschaft wird für immer Bestand haben, weil er sich an die Rechtsordnungen Gottes hält. Der Herr, der Herrscher der Welt, hat es so beschlossen und wird es tun.

**Der Friedenskönig**

Ein Spross wächst aus dem Baumstumpf Isai,
ein neuer Trieb schießt hervor aus seinen Wurzeln.
Ihn wird der Herr mit seinem Geist erfüllen,
dem Geist, der Weisheit und Einsicht gibt,
der sich zeigt in kluger Planung und in Stärke,
in Erkenntnis und Ehrfurcht vor dem Herrn.
Gott zu gehorchen ist ihm eine Freude.
Er urteilt nicht nach dem Augenschein
und verlässt sich nicht aufs Hörensagen.
Den Entrechteten verhilft er zum Recht,
für die Armen im Land setzt er sich ein.
Seine Befehle halten das Land in Zucht,
sein Urteilsspruch tötet die Schuldigen.
Gerechtigkeit und Treue umgeben ihn
wie der Gürtel, der seine Hüften umschließt.
Dann wird der Wolf beim Lamm zu Gast sein,
der Panther neben dem Ziegenböckchen liegen;
gemeinsam wachsen Kalb und Löwenjunges auf,
ein kleiner Junge kann sie hüten.
Die Kuh wird neben dem Bären weiden
und ihre Jungen werden beieinander liegen;
der Löwe frisst dann Häcksel wie das Rind.

Der Säugling spielt beim Schlupfloch
der Schlange,
das Kleinkind steckt die Hand in die
Höhle der Otter.
Niemand wird Böses tun und Unheil
stiften
auf dem Zion, Gottes heiligem Berg.
So wie das Meer voll Wasser ist,
wird das Land erfüllt sein von
Erkenntnis des Herrn.
Wenn jene Zeit gekommen ist,
dann wird der Spross aus der Wurzel
Isais
als Zeichen dastehen, sichtbar für die
Völker;
dann kommen sie und suchen bei
ihm Rat.
Von dem Ort, den er zum Wohnsitz
nimmt,
strahlt Gottes Herrlichkeit hinaus in
alle Welt.

**Jeremias Berufung**

Das Wort des Herrn erging an mich, er sagte zu mir: »Noch bevor ich dich im Leib deiner Mutter entstehen ließ, hatte ich schon meinen Plan mit dir. Noch ehe du aus dem Mutterschoß kamst, hatte ich bereits die Hand auf dich gelegt. Denn zum Propheten für die Völker habe ich dich bestimmt.«
Ich wehrte ab: »Ach, Herr, du mein Gott! Ich kann doch nicht reden, ich bin noch zu jung!«
Aber der Herr antwortete mir: »Sag nicht: ›Ich bin zu jung!‹ Geh, wohin ich dich sende, und verkünde, was ich dir auftrage! Hab keine Angst vor Menschen, denn ich bin bei dir und schütze dich. Das sage ich, der Herr.«
Dann streckte der Herr seine Hand aus, berührte meine Lippen und sagte: »Ich lege meine Worte in deinen Mund. Von heute an hast du Macht über Völker und Königreiche. Reiße aus und zerstöre, vernichte und verheere, baue auf und pflanze an!«
Wieder erging das Wort des Herrn an mich, und er sagte: »Was siehst du, Jeremia?«
Ich antwortete: »Einen *Wacholderzweig!*«
»Du hast richtig gesehen«, sagte der

Herr, »ich *wache* darüber, dass geschieht, was ich dir sage.«
Und noch einmal erging das Wort des Herrn an mich, er sagte: »Was siehst du?«
Ich antwortete: »Einen dampfenden Kessel, dessen Rand sich von Norden her gegen mich neigt.«
»Du hast richtig gesehen«, sagte der Herr, »so ergießt sich von Norden her Unheil über alle Bewohner dieses Landes. Hör, was ich dir sage: Ich rufe alle Völker des Nordens! Ihre Könige sollen kommen und ihre Throne rings um die Mauern Jerusalems und um die Mauern aller anderen Städte in Juda aufstellen.
Dann will ich mein Urteil über die Leute von Juda sprechen und sie strafen für alles Böse, das sie getan haben.
Denn sie haben mich verlassen und haben anderen Göttern geopfert; sie haben sich Götzenbilder gemacht und sie angebetet.
Du aber mach dich bereit, tritt vor sie hin und verkünde ihnen alles, was ich dir auftrage! Erschrick nicht vor ihnen, sonst sorge ich dafür, dass du wirklich vor ihnen erschrecken musst! Ich gebe dir Kraft, damit du dastehst wie eine Festung, wie eine eiserne Säule, wie eine stahlharte Mauer. Das ganze Land wirst du gegen dich haben, die Könige, die Beamten, die Priester und die Männer von Juda. Sie werden gegen dich kämpfen, aber sie werden dich nicht bezwingen, denn ich bin bei dir und schütze dich. Das sage ich, der Herr.«

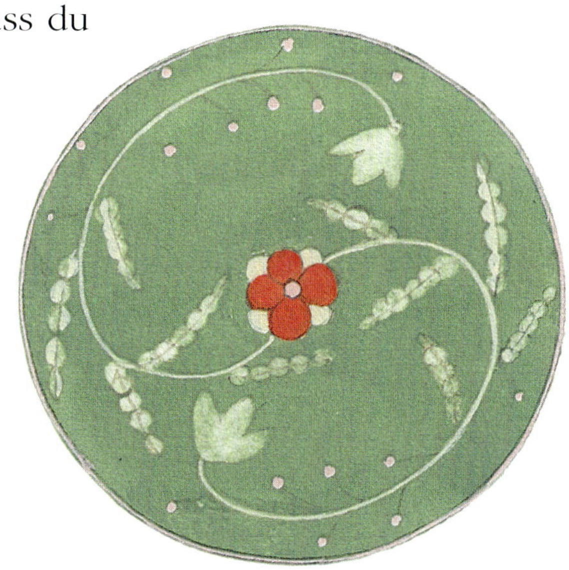

**Israels Treulosigkeit**

Das Wort des Herrn erging an mich, er sagte zu mir: »Geh und verkünde vor allen Leuten in Jerusalem: ›So spricht der Herr: Ich erinnere mich, Israel, wie vertrauensvoll du mir zugetan warst in deiner Jugend, wie du mich liebtest in deiner Brautzeit. Du bist mir gefolgt in der Wüste, im Land, wo nichts wächst. Damals hast du mir allein gehört, wie die erste Frucht des Ackers. Wer sich an dir vergriff, machte sich schuldig und wurde bestraft!‹«

Hört das Wort des Herrn, ihr Nachkommen Jakobs, all ihr Sippen Israels! So spricht der Herr: »Was hatten eure Vorfahren an mir auszusetzen, dass sie sich von mir abwandten, nichtigen Götzen nachliefen und so selbst zunichte wurden? Sie fragten nicht: ›Wo ist der Herr zu finden? Er hat uns doch aus Ägypten herausgeführt und hat uns in der Wüste sicher den Weg gewiesen, in dürren Steppen und finsteren Schluchten, in einem Land, das niemand bewohnt und niemand durchwandert.‹

Ja, ich war es, ich brachte euch in ein fruchtbares Land, um euch mit all den Köstlichkeiten zu speisen, die es hervorbringt. Aber kaum wart ihr dort, habt ihr mein Land verdorben und mir mein Eigentum zum Abscheu gemacht.



Eure Priester fragten nicht nach mir; die Leute, die Weisungen gaben, kannten mich nicht. Die Führer des Volkes lehnten sich gegen mich auf und die Propheten redeten im Namen Baals.

Alle beteten zu Göttern, die nicht helfen können. Darum muss ich, der Herr, euch anklagen und auch gegen eure Kinder und Enkel werde ich Klage erheben.

Fahrt doch übers Meer zu den Inseln im Westen und seht euch dort um! Oder schickt eure Abgesandten zu den Völkern des Ostens und erkundigt euch, ob irgendwo etwas Ähnliches geschehen ist! Hat je ein Volk seine Götter ausgewechselt? Und die sind nicht einmal Götter! Mein Volk aber hat mich ausgetauscht gegen Götter, die ihm nicht helfen können; und dabei hatte es doch meine ganze Herrlichkeit gesehen.

Himmel, erschrick darüber«, sagt der Herr, »schaudere, bebe vor Entsetzen! Mein Volk hat doppeltes Unrecht verübt: Mich, die Quelle frischen Wassers, hat es verlassen und stattdessen gräbt es sich Löcher für Regenwasser, die auch noch rissig sind und das Wasser nicht halten.«

**Falsches Vertrauen auf den Tempel**

Das Wort des Herrn erging an Jeremia; er sagte zu ihm: »Geh, stell dich an den Eingang des Tempels und rufe: ›Hört zu, ihr Leute von Juda! Hört alle her, die ihr durch diese Tore in den Tempel geht, um den Herrn anzubeten! So spricht der Gott Israels, der Herrscher der Welt: Ändert euer Leben und Tun! Dann dürft ihr hier wohnen bleiben. Glaubt nicht, dass es euch etwas hilft, wenn ihr ständig wiederholt: Dies ist der Tempel des Herrn, dies ist der Tempel des Herrn, hier wohnt der Herr! Damit betrügt ihr euch selbst!

Nein, ihr müsst euer Leben und Tun gründlich ändern! Geht gerecht miteinander um; nutzt nicht Fremde, Waisen und Witwen aus; vergießt nicht das Blut unschuldiger Menschen! Lauft nicht den fremden Göttern nach, die euch ins Unglück bringen! Nur dann könnt ihr hier wohnen bleiben, in dem Land, das ich euren Vorfahren als Erbbesitz gegeben habe.

Seht doch ein, dass ihr euch selbst betrügt! Ihr stehlt und mordet, brecht die Ehe, schwört Meineide, bringt dem Baal eure Opfergaben und verehrt fremde Götter, die euch nichts angehen. Und dann kommt ihr und stellt euch hier in meinem Haus vor mich hin und sagt: Uns kann nichts geschehen! Dabei tut ihr weiterhin alles, was ich verabscheue. Ist denn dieses Haus, das doch mein Eigentum ist, in euren Augen ein Versteck für Räuber geworden? Gut, dann werde auch ich es so ansehen. Das sage ich, der Herr.

Geht doch nach Schilo, wo ich früher meinen Tempel hatte, die Wohnstätte meines Namens! Seht euch an, wie ich ihn verwüstet habe, weil die Leute von Israel so viel Böses taten. Ihr selbst treibt es genauso schlimm. Dafür ziehe ich euch jetzt zur Rechenschaft, ich, der Herr. Sooft ich auch zu euch sprach – ihr habt nicht hingehört; wenn ich rief, habt ihr nicht geantwortet.

Darum will ich jetzt mit dem Haus, das mein Eigentum ist und auf das ihr euer Vertrauen setzt, verfahren wie mit Schilo. Ich werde diesen Tempel, in dem ich euch und euren Vorfahren nahe sein wollte, genauso dem Erdboden gleichmachen. Und euch will ich nicht mehr sehen; darum verstoße ich euch.‹«

**Jeremia klagt Gott seine Not**

Ich klagte: »Ich Unglücklicher, warum hat meine Mutter mich geboren? Wohin ich auch komme, überall feinden sie mich an und setzen mir zu. Ich habe von niemand Geld geborgt und auch niemand etwas geliehen und trotzdem verwünschen sie mich alle.«

Darauf sagte der Herr: »Ich habe doch deine Fesseln gelöst und deine Last erleichtert. Ich habe dafür gesorgt, dass dein Feind dich anfleht in Zeiten der Not und Verzweiflung.«

Weiter sagte der Herr: »Kann man denn Eisen zerbrechen, Eisen aus dem Norden, oder Bronze? Ihr Leute von Juda, euren ganzen Besitz gebe ich zur Plünderung frei. Das ist der Lohn für all das Böse, das ihr überall in eurem Land begangen habt! Ich mache euch zu Sklaven eurer Feinde, ihr müsst ihnen dienen in einem fernen, unbekannten Land. Denn mein Zorn ist aufgelodert wie ein Feuer und dieses Feuer wird euch verbrennen!«

Ich gab zur Antwort: »Du weißt alles, Herr; denk an mich und hilf mir! Leg meinen Verfolgern das Handwerk! Hab nicht so lange Geduld mit ihnen, sonst gehe ich noch zugrunde! Du weißt doch, dass sie mich deinetwegen beschimpfen. Wenn du zu mir sprachst, habe ich jedes Wort verschlungen. Deine Worte haben mein Herz mit Glück und Freude erfüllt, denn ich bin doch dein Eigentum, Herr, du Gott der ganzen Welt!

Ich kann nicht mit anderen Leuten fröhlich zusammensitzen und mit ihnen lachen. Denn du hast deine Hand auf mich gelegt und mich einsam gemacht; dein Zorn über dieses Volk hat von mir Besitz ergriffen. Warum nimmt mein Leiden kein Ende? Warum will meine Wunde nicht heilen? Ich setze meine ganze Hoffnung auf dich; aber du lässt mich im Stich wie ein Bach, der im Sommer versiegt!«

Da sagte der Herr zu mir: »Wenn du zu mir umkehrst, nehme ich dich wieder an und du sollst wieder mein Diener sein. Wenn du nicht mehr solchen Unsinn redest, sondern deine Worte abwägst, dann darfst du mein Mund sein. Hör nicht auf die anderen, sondern sieh zu, dass sie auf dich hören!

Du wirst diesem Volk wie eine Mauer gegenüberstehen. Sie werden gegen dich anrennen, aber sie können dich nicht bezwingen. Denn ich stehe dir zur Seite, ich schütze dich, ich, der Herr. Ich befreie dich aus der Hand deiner Feinde, ich reiße dich aus der Faust dieser Gewalttätigen!«

## Gottes neuer Bund

»Gebt Acht!«, sagt der Herr. »Die Zeit kommt, da werde ich mit dem Volk von Israel und dem Volk von Juda einen neuen Bund schließen. Er wird nicht dem Bund gleichen, den ich mit ihren Vorfahren geschlossen habe, als ich sie bei der Hand nahm und aus Ägypten herausführte. Diesen Bund haben sie gebrochen, obwohl ich ihnen doch ein guter Herr gewesen war.
Der neue Bund, den ich dann mit dem Volk Israel schließen will, wird völlig anders sein: Ich werde ihnen mein Gesetz nicht auf Steintafeln, sondern in Herz und Gewissen schreiben. Ich werde ihr Gott sein und sie werden mein Volk sein«, sagt der Herr.
»Niemand muss dann noch seinen Nachbarn belehren oder zu seinem Bruder sagen: ›Lerne den Herrn kennen!‹ Denn alle werden dann wissen, wer ich bin, von den Geringsten bis zu den Vornehmsten. Das sage ich, der Herr. Ich will ihnen ihren Ungehorsam vergeben und nie mehr an ihre Schuld denken.«

## Israel bleibt das Volk Gottes

Der Herr hat die Sonne als Licht für den Tag bestimmt und den Mond und die Sterne als Lichter für die Nacht; er wühlt das Meer auf, dass seine Wellen toben – »der Herr, der Herrscher der Welt« ist sein Name. Er sagt: »So gewiss ich dafür sorge, dass diese Ordnungen niemals umgestoßen werden, so gewiss sorge ich dafür, dass Israel für alle Zukunft mein Volk bleibt und Bestand haben wird.«
Der Herr sagt: »Sowenig ein Mensch die Weite des Himmels messen oder die Fundamente der Erde ergründen kann, sowenig kann ich das Volk Israel verstoßen – trotz allem, was es getan hat.«

## Die Geburt Jesu und der Beginn seines Wirkens

*Die Geschichte von der Geburt des Kindes Jesus im Stall von Betlehem ist im Evangelium nach Lukas außerordentlich kunstvoll mit einer zweiten Geschichte verbunden: der Geburt von Johannes dem Täufer (S. 85–91). Damit will der Evangelist zeigen, wie das Leben des letzten der Propheten in der Tradition des Alten Testaments – Johannes – von Gott auf das Kommen des Erlösers hingeordnet ist, mit dem eine neue Zeit des Heils beginnt. So unterstreicht der Evangelist zugleich, dass Jesus wirklich ein ganzes Menschenleben durchlebt hat.*

*Jesus wird in der Regierungszeit des römischen Kaisers Augustus geboren, der mit seiner militärischen Macht die Pax Romana, den »römischen Frieden«, für die beherrschten Völker verwirklicht hat (S. 90–91). Der Friede Gottes, den Jesus nach dem Zeugnis des Engelchores bringt, ist jedoch von grundsätzlich anderer Qualität. Die Erkennungszeichen des neugeborenen Friedenskönigs sind Windeln und Krippe, d.h. Armut und kindliche Hilflosigkeit. Als entscheidendes Kennzeichen wird am Ende das Kreuz hinzukommen, das durch den Bericht vom Kindermord in Betlehem auch über der Weihnachtsgeschichte des Matthäus-Evangeliums steht, aus der in diesem Buch nur die Erzählung von den Sterndeutern aus dem Osten aufgenommen ist (S. 92).*

*Das Wirken des erwachsenen Jesus beginnt dann mit der Taufe (S. 94). Sie ist der Auftakt zu einem Leben, in dem man sich ganz der kommenden Gottesherrschaft unterstellt und Gottes Willen vollkommen erfüllt. Weil Jesus hierin seinen Auftrag sieht, besteht er darauf, von Johannes getauft zu werden. Indem er sich so mit den Menschen solidarisch zeigt, wird er von Gott als sein Sohn bestätigt und zu seinem Werk ausgerüstet. So kann er dann auch in der Versuchung die gottfeindliche Macht des Teufels besiegen, was die Voraussetzung für sein irdisches Wirken wie für seine ewige Herrschaft ist (S. 94).*

*Der Vorblick auf seine ewige Herrschaft kennzeichnet auch die Geschichte von der Hochzeit in Kana aus dem 2. Kapitel des Johannes-Evangeliums (S. 96). Hier wird ein Hochzeitsfest zum Bild für die Heilszeit, die mit Jesus begonnen hat. Der Wein, den Jesus wunderbar vermehrt, ist das Zeichen endzeitlicher Freude und Lebensfülle, zu der Jesus den Zugang eröffnet hat.*

## Die Geburt des Täufers Johannes wird angekündigt

Zu der Zeit, als König Herodes über das jüdische Land herrschte, lebte ein Priester namens Zacharias, der zur Priestergruppe Abija gehörte. Auch seine Frau stammte aus einer Priesterfamilie; sie hieß Elisabet. Beide führten ein Leben, das Gott gefiel; sie richteten sich in allem nach den Geboten und Anweisungen des Herrn. Sie waren aber kinderlos, denn Elisabet konnte keine Kinder bekommen; außerdem waren sie auch schon sehr alt.

Einmal hatte Zacharias wieder Dienst am Tempel in Jerusalem, weil die Priestergruppe, zu der er gehörte, gerade an der Reihe war. Es war unter den Priestern üblich, die einzelnen Dienste durch das Los zu verteilen.

An einem bestimmten Tag fiel Zacharias die Aufgabe zu, das Räucheropfer darzubringen. So ging er in das Innere des Tempels, während das ganze versammelte Volk draußen betete.

Da erschien ihm plötzlich der Engel des Herrn. Der Engel stand an der rechten Seite des Altars, auf dem der Weihrauch verbrannt wurde. Als Zacharias ihn sah, erschrak er und bekam große Angst. Aber der Engel sagte zu ihm: »Hab keine Angst, Zacharias! Gott hat dein Gebet erhört. Deine Frau Elisabet wird dir einen Sohn gebären, den sollst du Johannes nennen.

Dann wirst du voll Freude und Jubel sein, und noch viele andere werden sich freuen über seine Geburt. Denn er ist vom Herrn zu großen Taten berufen. Als Gottgeweihter wird er keinen Wein und auch sonst keinen Alkohol trinken. Schon im Mutterleib wird der Geist Gottes ihn erfüllen, und er wird viele aus dem Volk Israel zum Herrn, ihrem Gott, zurückführen.

Er wird dem Herrn als Bote vorausgehen, im gleichen Geist und mit der gleichen Kraft wie der Prophet Elija. Seine Aufgabe wird es sein, das Herz der Eltern den Kindern zuzuwenden und alle Ungehorsamen auf den rechten Weg zurückzubringen. So wird er dem Herrn ein Volk zuführen, das auf sein Kommen vorbereitet ist.«

Zacharias sagte zu dem Engel: »Woran soll ich erkennen, dass es wirklich so kommen wird? Ich bin doch ein alter Mann, und meine Frau ist auch schon in vorgeschrittenen Jahren.«

Der Engel antwortete: »Ich bin Gabriel, der vor Gottes Thron steht. Gott hat

mich zu dir gesandt, um dir diese gute Nachricht zu bringen. Was ich gesagt habe, wird zur gegebenen Zeit eintreffen. Aber weil du mir nicht geglaubt hast, wirst du so lange stumm sein und nicht mehr sprechen können, bis es eingetroffen ist.«
Das Volk wartete draußen auf Zacharias und wunderte sich, dass er so lange im Tempel blieb. Als er schließlich herauskam, konnte er nicht zu ihnen sprechen. Da merkten sie, dass er im Tempel eine Erscheinung gehabt hatte. Er gab ihnen Zeichen mit der Hand und blieb auch weiterhin stumm.
Als seine Dienstwoche im Tempel beendet war, ging Zacharias nach Hause. Bald darauf wurde seine Frau Elisabet schwanger und zog sich fünf Monate lang völlig zurück. Sie sagte: »Das hat der Herr an mir getan! Wegen meiner Kinderlosigkeit haben mich die Leute verachtet; aber er hat sich um mich gekümmert und die Schande von mir genommen.«



**Die Geburt des Retters Jesus wird angekündigt**

Als Elisabet im sechsten Monat war, sandte Gott den Engel Gabriel nach Nazaret in Galiläa zu einem jungen Mädchen mit Namen Maria. Sie war noch unberührt und war verlobt mit einem Mann namens Josef, einem Nachkommen Davids.
Der Engel kam zu ihr und sagte: »Sei gegrüßt, Maria, der Herr ist mit dir; er hat dich zu Großem ausersehen!«
Maria erschrak über diesen Gruß und überlegte, was er bedeuten sollte.
Da sagte der Engel zu ihr: »Hab keine Angst, du hast Gnade bei Gott gefunden! Du wirst schwanger werden und einen Sohn gebären. Dem sollst du den Namen Jesus geben. Er wird groß sein und wird ›Sohn des Höchsten‹ genannt werden. Gott, der Herr, wird ihn auf den Thron seines Ahnherrn David erheben, und er wird für immer über die Nachkommen Jakobs regieren. Seine Herrschaft wird nie zu Ende gehen.«
Maria fragte den Engel: »Wie soll das zugehen? Ich bin doch mit keinem Mann zusammen!«
Er antwortete: »Gottes Geist wird über dich kommen, seine Kraft wird das

Wunder vollbringen. Deshalb wird auch das Kind, das du zur Welt bringst, heilig und Sohn Gottes genannt werden.
Auch Elisabet, deine Verwandte, bekommt einen Sohn – trotz ihres Alters. Sie ist bereits im sechsten Monat, und es hieß doch von ihr, sie könne keine Kinder bekommen. Für Gott ist nichts unmöglich.«
Da sagte Maria: »Ich gehöre dem Herrn, ich bin bereit. Es soll an mir geschehen, was du gesagt hast.«
Darauf verließ sie der Engel.
Bald danach machte sich Maria auf den Weg und eilte zu einer Stadt im Bergland von Judäa. Dort ging sie in das Haus von Zacharias und begrüßte Elisabet.
Als Elisabet ihren Gruß hörte, hüpfte das Kind in ihrem Leib. Da wurde sie vom Geist Gottes erfüllt und rief laut: »Gesegnet bist du von Gott, auserwählt unter allen Frauen, und gesegnet ist die Frucht deines Leibes! Wie komme ich zu der Ehre, dass die Mutter meines Herrn mich besucht? Ja, das bist du; denn in dem Augenblick, als dein Gruß an mein Ohr drang, machte das Kind einen Freudensprung in meinem Leib. Du darfst dich freuen, denn du hast geglaubt, dass sich erfüllen wird, was der Herr dir ankündigen ließ.«

## Der Lobgesang Marias

Maria aber sprach:
»Mein Herz preist den Herrn,
alles in mir jubelt vor Freude
über Gott, meinen Retter!
Ich bin nur seine geringste Dienerin,
und doch hat er sich mir zugewandt.
Jetzt werden die Menschen mich
glücklich preisen
in allen kommenden Generationen;
denn Gott hat Großes an mir getan,
er, der mächtig und heilig ist.
Sein Erbarmen hört niemals auf;
er schenkt es allen, die ihn ehren,
von einer Generation zur andern.
Jetzt hebt er seinen gewaltigen Arm
und fegt die Stolzen weg samt ihren
Plänen.
Jetzt stürzt er die Mächtigen vom Thron
und richtet die Unterdrückten auf.
Den Hungernden gibt er reichlich zu
essen
und schickt die Reichen mit leeren
Händen fort.
Er hat an seinen Diener Israel gedacht
und sich über sein Volk erbarmt.
Wie er es unsern Vorfahren versprochen
hatte,
Abraham und seinen Nachkommen
für alle Zeiten.«



Maria blieb etwa drei Monate bei Elisabet und kehrte dann wieder nach Hause zurück.

## Der Täufer Johannes wird geboren

Als für Elisabet die Zeit der Entbindung gekommen war, gebar sie einen Sohn. Die Nachbarn und Nachbarinnen und die Verwandten hörten es und freuten sich mit, dass Gott so großes Erbarmen mit ihr gehabt hatte. Als das Kind acht Tage alt war und beschnitten werden sollte, kamen sie alle dazu. Sie wollten es nach seinem Vater Zacharias nennen. Aber die Mutter sagte: »Nein, er soll Johannes heißen!«
Sie wandten ein: »Warum denn? In deiner ganzen Verwandtschaft gibt es keinen, der so heißt.«
Sie fragten den Vater durch Zeichen, wie der Sohn heißen solle. Zacharias ließ sich eine Schreibtafel geben und schrieb: »Er heißt Johannes.« Und sie wunderten sich alle. Im selben Augenblick konnte Zacharias wieder sprechen, und sofort fing er an, Gott zu preisen.
Da ergriff alle, die aus der Nachbarschaft gekommen waren, ehrfürchtiges Staunen, und im ganzen Bergland von Judäa sprachen die Leute über das, was geschehen war. Alle, die davon hörten, dachten darüber nach und fragten sich: »Was wird aus dem Kind einmal werden?« Denn es war offensichtlich, dass der Herr etwas Besonderes mit Johannes vorhatte.

## Der Lobgesang des Zacharias

Erfüllt vom Geist Gottes sprach der Vater des Kindes prophetische Worte:

»Gepriesen sei der Herr, der Gott Israels;
denn er ist uns zu Hilfe gekommen
und hat sein Volk befreit!
Einen starken Retter hat er uns gesandt,
einen Nachkommen seines Dieners David!
So hat er es durch seine heiligen Propheten schon seit langem angekündigt:
Er wollte uns retten vor unseren Feinden,
aus der Gewalt all derer, die uns hassen.
Er wollte unseren Vorfahren Erbarmen erweisen
und die Zusagen seines heiligen Bundes nicht vergessen,
den er mit ihnen geschlossen hatte.
Schon unserem Ahnherrn Abraham
hat er mit einem Eid versprochen,
uns aus der Macht der Feinde zu befreien,
damit wir keine Furcht mehr haben müssen
und unser Leben lang ihm dienen können
als Menschen, die ganz ihrem Gott gehören
und tun, was er von ihnen verlangt.
Und du, mein Kind –
ein Prophet des Höchsten wirst du sein;
du wirst dem Herrn vorausgehen,
um den Weg für ihn zu bahnen.
Du wirst dem Volk des Herrn verkünden,
dass nun die versprochene Rettung kommt,
weil Gott ihnen ihre Schuld vergeben will.
Unser Gott ist voll Liebe und Erbarmen;
er schickt uns den Retter,
das Licht, das von oben kommt.
Dieses Licht leuchtet allen, die im Dunkeln sind,
die im finsteren Land des Todes leben;
es wird uns führen und leiten,
dass wir den Weg des Friedens finden.«

Johannes wuchs heran und nahm zu an Verstand. Später zog er sich in die Wüste zurück bis zu dem Tag, an dem er unter dem Volk Israel offen mit seinem Auftrag hervortreten sollte.

**Jesus, der Retter, wird geboren**

Zu jener Zeit ordnete Kaiser Augustus an, dass alle Menschen in seinem Reich gezählt und für die Steuer erfasst werden sollten. Diese Zählung war die erste und wurde durchgeführt, als Quirinius Statthalter der Provinz Syrien war. Und alle gingen hin, um sich einschreiben zu lassen, jeder in die Heimatstadt seiner Vorfahren.
Auch Josef machte sich auf den Weg. Aus Galiläa, aus der Stadt Nazaret, ging er nach Judäa in die Stadt Davids, nach Betlehem. Denn er stammte aus der Familie von König David.
Dorthin ging er, um sich einschreiben zu lassen, zusammen mit Maria, seiner Verlobten; die war schwanger.
Während sie dort waren, kam für Maria die Zeit der Entbindung. Sie gebar ihren Sohn, den Erstgeborenen, wickelte ihn in Windeln und legte ihn in eine Futterkrippe im Stall. Denn in der Herberge hatten sie keinen Platz gefunden.
In jener Gegend waren Hirten auf freiem Feld, die hielten Wache bei ihren Herden in der Nacht. Da trat der Engel des Herrn zu ihnen, und die Herrlichkeit des Herrn umstrahlte sie, und sie fürchteten sich sehr.



Aber der Engel sagte zu ihnen: »Habt keine Angst! Ich habe eine große Freudenbotschaft für euch und für das ganze Volk. Heute ist euch der Retter geboren worden, in der Stadt Davids: Christus, der Herr! Und dies ist das Zeichen, an dem ihr ihn erkennt: Ihr werdet ein neugeborenes Kind finden, das liegt in Windeln gewickelt in einer Futterkrippe.«
Und plötzlich war bei dem Engel ein ganzes Heer von Engeln, all die vielen, die im Himmel Gott dienen; die priesen Gott und riefen:

»Groß ist von jetzt an Gottes Herrlichkeit
im Himmel;
denn sein Frieden ist herabgekommen
auf die Erde zu den Menschen,
die er erwählt hat und liebt!«

Als die Engel in den Himmel zurückgekehrt waren, sagten die Hirten zueinander: »Kommt, wir gehen nach Betlehem und sehen uns an, was da geschehen ist, was Gott uns bekannt gemacht hat!«
Sie liefen hin, kamen zum Stall und fanden Maria und Josef und bei ihnen das Kind in der Futterkrippe. Als sie es sahen, berichteten sie, was ihnen der Engel von diesem Kind gesagt hatte. Und alle, die dabei waren, staunten

über das, was ihnen die Hirten erzählten. Maria aber bewahrte all das Gehörte in ihrem Herzen und dachte viel darüber nach.

Die Hirten kehrten zu ihren Herden zurück und priesen Gott und dankten ihm für das, was sie gehört und gesehen hatten. Es war alles genauso gewesen, wie der Engel es ihnen verkündet hatte.

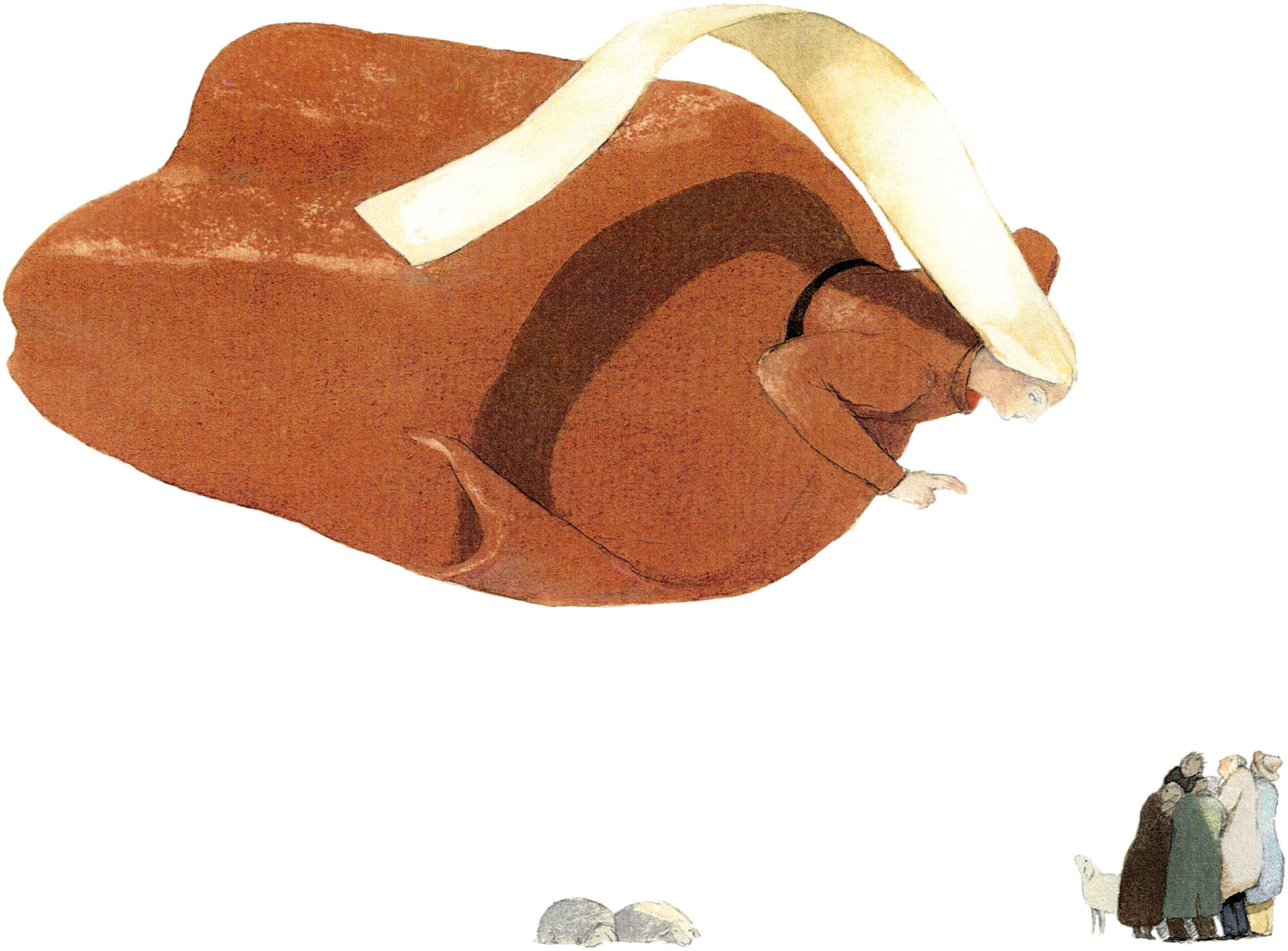

**Sterndeuter ehren das Kind**

Jesus wurde in Betlehem in Judäa geboren, zur Zeit, als König Herodes das Land regierte. Bald nach seiner Geburt kamen Sterndeuter aus dem Osten nach Jerusalem und fragten: »Wo finden wir den neugeborenen König der Juden? Wir haben seinen Stern aufgehen sehen und sind gekommen, um uns vor ihm niederzuwerfen.«

Als König Herodes das hörte, erschrak er und mit ihm ganz Jerusalem. Er ließ alle führenden Priester und Gesetzeslehrer im Volk Gottes zu sich kommen und fragte sie: »Wo soll der versprochene Retter geboren werden?«

Sie antworteten: »In Betlehem in Judäa. Denn so hat der Prophet geschrieben: ›Du Betlehem im Land Juda! Du bist keineswegs die unbedeutendste unter den führenden Städten in Juda, denn aus dir wird der Herrscher kommen, der mein Volk Israel schützen und leiten soll.‹«

Daraufhin rief Herodes die Sterndeuter heimlich zu sich und fragte sie aus, wann sie den Stern zum ersten Mal gesehen hätten. Dann schickte er sie nach Betlehem und sagte: »Geht und erkundigt euch genau nach dem Kind, und wenn ihr es gefunden habt, gebt mir Nachricht! Dann will ich auch hingehen und mich vor ihm niederwerfen.«

Nachdem sie vom König diesen Bescheid erhalten hatten, machten sich die Sterndeuter auf den Weg. Und der Stern, den sie schon bei seinem Aufgehen beobachtet hatten, ging ihnen voraus. Genau über der Stelle, wo das Kind war, blieb er stehen.

Als sie den Stern sahen, kam eine große Freude über sie. Sie gingen in das Haus und fanden das Kind mit seiner Mutter Maria. Da warfen sie sich vor ihm zu Boden und ehrten es als König. Dann holten sie die Schätze hervor, die sie mitgebracht hatten, und legten sie vor ihm nieder: Gold, Weihrauch und Myrrhe.

In einem Traum befahl ihnen Gott, nicht wieder zu Herodes zu gehen. So zogen sie auf einem anderen Weg in ihr Land zurück.

**Die Taufe Jesu**

Um diese Zeit kam Jesus von Galiläa her an den Jordan, um sich von Johannes taufen zu lassen. Johannes versuchte, ihn davon abzubringen, und sagte: »Ich müsste von *dir* getauft werden und du kommst zu mir?«
Aber Jesus antwortete: »Zögere nicht, mich zu taufen! Das ist es, was wir jetzt tun müssen. So eröffnen wir den Weg, auf dem der Wille Gottes ohne Abstriche erfüllt wird.«
Da gab Johannes nach.
Sobald Jesus getauft war, stieg er aus dem Wasser. Da öffnete sich der Himmel, und er sah den Geist Gottes wie eine Taube auf sich herabkommen. Und eine Stimme aus dem Himmel sagte: »Dies ist mein Sohn, ihm gilt meine Liebe, ihn habe ich erwählt.«

**Jesus wird auf die Probe gestellt**

Danach führte der Geist Gottes Jesus in die Wüste, wo er vom Teufel auf die Probe gestellt werden sollte.
Nachdem er vierzig Tage und Nächte gefastet hatte, war er hungrig. Da trat der Versucher an ihn heran und sagte: »Wenn du Gottes Sohn bist, dann befiehl doch, dass die Steine hier zu Brot werden!«



Jesus antwortete: »In den Heiligen Schriften steht: ›Der Mensch lebt nicht nur von Brot; er lebt von jedem Wort, das Gott spricht.‹«
Darauf führte der Teufel ihn in die Heilige Stadt, stellte ihn auf den höchsten Punkt des Tempels und sagte: »Wenn du Gottes Sohn bist, dann spring doch hinunter; denn in den Heiligen Schriften steht: ›Deinetwegen wird Gott seine Engel schicken und sie werden dich auf Händen tragen, damit du dich an keinem Stein stößt.‹«
Jesus antwortete: »In den Heiligen Schriften heißt es auch: ›Du sollst den Herrn, deinen Gott, nicht herausfordern.‹«
Zuletzt führte der Teufel Jesus auf einen sehr hohen Berg, zeigte ihm alle Reiche der Welt in ihrer Größe und Pracht und sagte: »Dies alles will ich dir geben, wenn du dich vor mir niederwirfst und mich anbetest.«
Da sagte Jesus: »Weg mit dir, Satan! In den Heiligen Schriften heißt es: ›Vor dem Herrn, deinem Gott, wirf dich nieder, ihn sollst du anbeten und niemand sonst.‹«
Darauf ließ der Teufel von Jesus ab, und Engel kamen und versorgten ihn.

**Die ersten Jünger**

Eines Tages stand Jesus am Ufer des Sees von Gennesaret. Die Menschen drängten sich um ihn und wollten Gottes Botschaft hören. Da sah er zwei Boote am Ufer liegen. Die Fischer waren ausgestiegen und reinigten ihre Netze. Er stieg in das eine, das Simon gehörte, und bat ihn, ein Stück vom Ufer abzustoßen. Dann setzte er sich und sprach vom Boot aus zu der Menschenmenge.

Als er seine Rede beendet hatte, sagte er zu Simon: »Fahr hinaus auf den See und wirf mit deinen Leuten die Netze zum Fang aus!«

Simon erwiderte: »Herr, wir haben uns die ganze Nacht abgemüht und nichts gefangen. Aber weil du es sagst, will ich die Netze noch einmal auswerfen.«

Sie taten es und fingen so viele Fische, dass die Netze zu reißen drohten. Sie mussten die Fischer im anderen Boot zur Hilfe herbeiwinken. Schließlich waren beide Boote so überladen, dass sie fast untergingen.

Als Simon Petrus das sah, warf er sich vor Jesus nieder und bat: »Herr, geh fort von mir! Ich bin ein sündiger Mensch!«

Denn ihn und alle anderen, die bei ihm im Boot waren, hatte die Furcht gepackt, weil sie einen so gewaltigen Fang gemacht hatten. So ging es auch denen aus dem anderen Boot, Jakobus und Johannes, den Söhnen von Zebedäus, die mit Simon zusammenarbeiteten.

Jesus aber sagte zu Simon: »Hab keine Angst! Von jetzt an wirst du Menschen fischen!«

Da zogen sie die Boote an Land, ließen alles zurück und folgten Jesus.

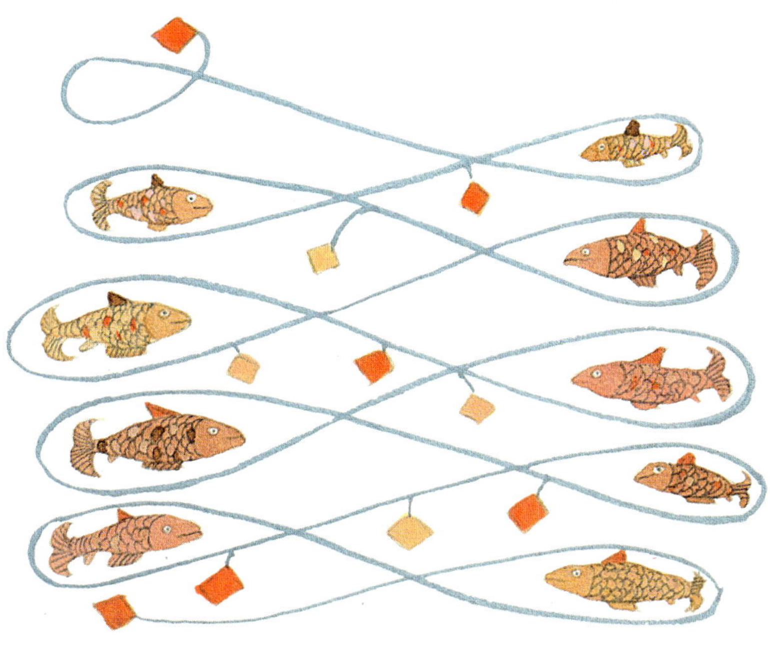

**Die Hochzeit in Kana**

Am dritten Tag wurde in Kana in Galiläa eine Hochzeit gefeiert. Die Mutter von Jesus war dabei, und auch Jesus war mit seinen Jüngern dazu eingeladen.
Als der Weinvorrat zu Ende war, sagte seine Mutter zu ihm: »Sie haben keinen Wein mehr!«
Jesus erwiderte ihr: »Frau, das ist meine Sache, nicht deine! Meine Stunde ist noch nicht gekommen.«
Da wandte sich seine Mutter an die Diener und sagte: »Tut alles, was er euch befiehlt!«
Im Haus standen sechs Wasserkrüge aus Stein, von denen jeder etwa hundert Liter fasste. Man brauchte sie wegen der Reinigung, die das Gesetz vorschreibt.
Jesus sagte zu den Dienern: »Füllt diese Krüge mit Wasser!« Sie füllten sie bis an den Rand. Dann befahl er ihnen: »Jetzt nehmt eine Probe davon und bringt sie dem Mann, der für das Festessen verantwortlich ist.«
Sie brachten ihm eine Probe, und er kostete das Wasser, das zu Wein geworden war. Er wusste nicht, woher dieser Wein kam; nur die Diener, die das Wasser geschöpft hatten, wussten es. Er rief den Bräutigam zu sich und sagte: »Jeder bringt doch zuerst den guten Wein auf den Tisch, und wenn die Gäste schon reichlich getrunken haben, folgt der schlechtere. Aber du hast den guten Wein bis zuletzt aufgehoben!«
So vollbrachte Jesus in Kana in Galiläa sein erstes Wunderzeichen und offenbarte seine Herrlichkeit. Und seine Jünger kamen zum Glauben an ihn.

## Jesu Worte über seine Sendung

*Wer Jesus seinem Wesen nach ist und was er für die Menschen bedeutet, darüber gibt eine Reihe von Bildworten Jesu Auskunft. Diese Worte, insgesamt sind es sieben, finden sich vor allem im Johannes-Evangelium. Sie beginnen mit der charakteristischen Formulierung »Ich bin«. Die Einleitung erinnert an die Berufung des Mose am brennenden Dornbusch, bei der Gott seinen Namen offenbart (S. 34–35). »Ich bin da« lautet dieser Name, und darin liegt das Versprechen, dass Gott seinem Volk stets nahe sein und ihm zur Seite stehen will. Wenn nun Jesus dieses »Ich bin« aufnimmt, erhebt er damit nicht nur einen einzigartigen Anspruch, sondern gibt zugleich zu erkennen, dass auch er für die Menschen da sein und ihnen Heil und Heilung schenken will.*

*Mit der Bezeichnung »Brot, das Leben schenkt« greift Jesus die Erinnerung an das Manna auf, das Gott seinem Volk in der Wüste als Nahrung geschenkt hat (S. 99). Für dieses Leben steht auch das Bild des Lichts, das zu den menschlichen Ursymbolen für ein geglücktes, sinnerfülltes Leben gehört (S. 99). Den Hintergrund für das dritte und vierte Bildwort (S. 100) liefert die zur Zeit Jesu übliche Praxis, mehrere Herden für die Nacht auf einem umzäunten Grundstück zusammenzutreiben, dessen Zugang ein Türhüter bewachte und zu dem am Morgen die Hirten kamen, um ihre Herde wieder abzuholen. Was Jesus hier von sich sagt, ist nicht nur, dass er durch die Tür kommt und sich damit als rechtmäßiger Hirt legitimiert, sondern dass er selbst in Person der einzig rechtmäßige Zugang ist: Nur er bietet Zugang zum wahren und unvergänglichen Leben. Im fünften der »Ich-bin-Worte«, das zu der Erzählung von der Auferweckung des toten Lazarus durch Jesus (Johannes 11) gehört, bezeugt Jesus sich als der, dem die Gott vorbehaltene Macht, lebendig zu machen, verliehen ist (S. 100). Das nächste »Ich-bin-Wort« steht am Anfang der Rede, mit der Jesus sich von seinen Jüngern verabschiedet (S. 100–101). Jesus ermutigt sie, sich durch die bevorstehenden Ereignisse seiner Passion in ihrem Glauben nicht beirren zu lassen. Der Weinstock und seine Reben sind das Thema des letzten Bildwortes (S. 101). Es unterstreicht, wie wichtig es ist, mit Jesus verbunden zu bleiben, um selbst Frucht zu bringen, und das neue Leben wachsen zu lassen, das seinen bleibenden Grund in Jesus hat.*

## Das Brot, das Leben schenkt

Die Leute fragten Jesus: »Was müssen wir tun, um Gottes Willen zu erfüllen?«
Jesus antwortete: »Gott verlangt nur eins von euch: Ihr sollt den anerkennen, den er gesandt hat.«
Sie erwiderten: »Gib uns einen Beweis für deine Bevollmächtigung! Lass uns ein eindeutiges Wunderzeichen sehen, damit wir dir glauben. Unsere Vorfahren aßen das Manna in der Wüste. In den Heiligen Schriften heißt es von Mose: ›Er gab ihnen Brot *vom Himmel* zu essen.‹«
Jesus entgegnete: »Amen, ich versichere euch: Nicht Mose hat euch das Brot vom Himmel gegeben, sondern mein Vater gibt euch das wahre Brot vom Himmel. Das wahre Brot Gottes ist das, das vom Himmel herabsteigt und der Welt das Leben gibt.«
»Herr«, sagten sie, »gib uns immer von diesem Brot!«
»*Ich* bin das Brot, das Leben schenkt«, sagte Jesus zu ihnen. »Wer zu mir kommt, wird nie mehr hungrig sein. Wer sich an mich hält, wird keinen Durst mehr haben.«

## Das Licht für die Welt

Jesus sprach weiter zu den Leuten: »*Ich* bin das Licht für die Welt. Wer mir folgt, tappt nicht mehr im Dunkeln, sondern hat das Licht und mit ihm das Leben.«

## Vom Hirten und seinen Schafen

Jesus sagte: »Amen, ich versichere euch: Wer den Schafstall nicht durch die Tür betritt, sondern auf einem anderen Weg eindringt, ist ein Räuber und ein Dieb. Der Schafhirt geht durch die Tür hinein; der Wächter am Eingang öffnet ihm. Die Schafe erkennen seine Stimme; er ruft die, die ihm gehören, einzeln beim Namen und führt sie ins Freie. Wenn sie alle draußen sind, geht er vor ihnen her und sie folgen ihm, weil sie seine Stimme kennen. Einem anderen Menschen werden sie niemals folgen. Im Gegenteil: Sie werden vor ihm davonlaufen, weil sie seine Stimme nicht kennen.«
Dieses Gleichnis erzählte Jesus, aber seine Zuhörer verstanden nicht, was er ihnen damit sagen wollte.

**Jesus – die Tür**

Darum begann Jesus noch einmal: »Amen, ich versichere euch: *Ich* bin die Tür zu den Schafen. Alle, die vor mir gekommen sind, sind Räuber und Diebe, doch die Schafe haben nicht auf sie gehört.

*Ich* bin die Tür für die Schafe. Wer durch mich hineingeht, wird gerettet. Er wird ein- und ausgehen und Weideland finden. Der Dieb kommt nur, um die Schafe zu stehlen, zu schlachten und ins Verderben zu stürzen. Ich aber bin gekommen, um ihnen das Leben zu geben, Leben im Überfluss.«

**Jesus – der gute Hirt**

»*Ich* bin der gute Hirt. Ein guter Hirt ist bereit, für seine Schafe zu sterben. Einer, dem die Schafe nicht selbst gehören, ist kein richtiger Hirt. Darum lässt er sie im Stich, wenn er den Wolf kommen sieht, und läuft davon. Dann stürzt sich der Wolf auf die Schafe und jagt die Herde auseinander. Wer die Schafe nur gegen Lohn hütet, läuft davon; denn die Schafe sind ihm gleichgültig.

*Ich* bin der gute Hirt. Ich kenne meine Schafe und sie kennen mich, so wie der Vater mich kennt und ich ihn kenne. Ich bin bereit, für sie zu sterben.



Meine Schafe hören auf mich. Ich kenne sie und sie folgen mir. Ich gebe ihnen das ewige Leben und sie werden niemals umkommen. Niemand kann sie mir aus den Händen reißen, weil niemand sie aus den Händen meines Vaters reißen kann. Er schützt die, die er mir gegeben hat; denn er ist mächtiger als alle. Der Vater und ich sind untrennbar eins.«

**Jesus – das Leben**

Jesus sagte: »*Ich* bin die Auferstehung und das Leben. Wer mich annimmt, wird leben, auch wenn er stirbt, und wer lebt und sich auf mich verlässt, wird niemals sterben, in Ewigkeit nicht.«

## Jesus – der Weg zum Vater

Dann sagte Jesus zu allen: »Erschreckt nicht, habt keine Angst! Vertraut auf Gott und vertraut auch auf mich!

Im Haus meines Vaters gibt es viele Wohnungen, und ich gehe jetzt hin, um dort einen Platz für euch bereitzumachen. Sonst hätte ich euch doch nicht mit der Ankündigung beunruhigt, dass ich weggehe. Und wenn ich gegangen bin und euch den Platz bereitet habe, dann werde ich zurückkommen und euch zu mir nehmen, damit auch ihr seid, wo ich bin. Den Weg zu dem Ort, an den ich gehe, den kennt ihr ja.«

Thomas sagte zu ihm: »Herr, wir wissen nicht einmal, wohin du gehst! Wie sollen wir dann den Weg dorthin kennen?«

Jesus antwortete: »*Ich* bin der Weg, denn ich bin die Wahrheit und das Leben. Einen anderen Weg zum Vater gibt es nicht. Wenn ihr mich kennt, werdet ihr auch meinen Vater kennen. Schon jetzt kennt ihr ihn und habt ihn gesehen.«

## Jesus – der wahre Weinstock

»*Ich* bin der wahre Weinstock, und mein Vater ist der Weinbauer. Er entfernt jede Rebe an mir, die keine Frucht bringt; aber die fruchttragenden Reben reinigt er, damit sie noch mehr Frucht bringen. Ihr seid schon rein geworden durch das Wort, das ich euch verkündet habe. Bleibt mit mir vereint, dann werde auch ich mit euch vereint bleiben. Nur wenn ihr mit mir vereint bleibt, könnt ihr Frucht bringen, genauso wie eine Rebe nur Frucht bringen kann, wenn sie am Weinstock bleibt.

*Ich* bin der Weinstock und ihr seid die Reben. Wer mit mir verbunden bleibt, so wie ich mit ihm, bringt reiche Frucht. Denn ohne mich könnt ihr nichts ausrichten.

Die Herrlichkeit meines Vaters wird ja dadurch sichtbar, dass ihr reiche Frucht bringt und euch so als meine Jünger erweist.

**Erfahrungen mit Jesus**

*Die meisten der folgenden Geschichten werden traditionell als »Wunder Jesu« bezeichnet. Dabei geht es um nichts anderes als bei seinen Predigten und seinem sonstigen Handeln: Er verkündigt den Menschen das Reich Gottes, das mit seinem Kommen angebrochen ist. Dennoch geben die »Wundergeschichten« auf besondere Weise Zeugnis von dem Heil, das den Menschen in Jesus begegnet. Sie kommen zu ihm mit den Sorgen und Nöten ihres Lebens und er nimmt sich ihrer an: Er überwindet ihre Einsamkeit, heilt ihre Krankheit, vergibt ihnen ihre Schuld und verwandelt so ihr Leben von Grund auf.*

*Der heidnische Hauptmann, der Jesus zutraut, seinen kranken Diener aus der Ferne zu heilen (S. 103), ist bis heute ein Vorbild im Glauben. Sein Vertrauen steht in deutlichem Gegensatz zu der Verzagtheit der Jünger im Sturm (S. 104), der Sinnbild ist für die vielen Stürme des Lebens. Der Gelähmte, den seine Freunde zu Jesus bringen, wird nicht nur in dem Sinn geheilt, dass er wieder gehen kann, sondern erlebt auch Befreiung von drückender Schuld (S. 104). Die verkrümmte Frau wird wieder aufgerichtet und bekommt einen neuen Horizont für ihr ganzes Leben (S. 105). Dass dies an einem Sabbat geschieht, entspricht dem Sinn dieses Tages: Gott hat ihn der Schöpfung als Tag der Ruhe geschenkt, an dem sich die Geschöpfe auf die Wohltaten ihres Schöpfers besinnen dürfen. Von solch liebevoller Fürsorge, die Leib und Seele gleichermaßen umfasst, erzählt auch die Geschichte von der Speisung der Fünftausend (S. 106).*

*In den letzten drei Geschichten dieses Kapitels geht es um ähnlich grundlegende Erfahrungen. Die Geschichte von der Segnung der Kinder durch Jesus (S. 107) stellt das unaufgebbare Leistungsstreben der Erwachsenen infrage, denn der Vorzug der Kinder besteht gerade darin, dass sie ganz und gar darauf angewiesen sind, sich alles schenken zu lassen. Die anschließende Geschichte von dem reichen Mann, der Jesus fragt, was er tun muss, um Gottes Reich zu erlangen (S. 107–108), zeigt deutlich, wie schwer Erwachsene es damit haben, sich einfach nur beschenken zu lassen. Die Geschichte vom Zöllner Zachäus, dem in seinem Leben nur Ablehnung und Hass entgegenschlugen, bis er durch die Macht der Liebe Jesu verwandelt wurde, erzählt dagegen von einem Menschen, der sich von Gott das Leben neu schenken ließ (S. 108).*

**Der Hauptmann von Kafarnaum**

Jesus kam nach Kafarnaum. Da trat ein Hauptmann, ein Nichtjude, an ihn heran und bat ihn um Hilfe: »Herr«, sagte er, »mein Diener liegt gelähmt bei mir zu Hause und hat furchtbare Schmerzen!«

Jesus fragte ihn: »Soll ich etwa kommen und ihn gesund machen?«

Der Hauptmann erwiderte: »Herr, ich weiß, dass ich dir, einem Juden, nicht zumuten kann, mein Haus zu betreten. Aber sag nur ein Wort und mein Diener wird gesund. Auch ich unterstehe höherem Befehl und kann meinen Soldaten Befehle erteilen. Wenn ich zu einem sage: ›Geh!‹, dann geht er; wenn ich zu einem andern sage: ›Komm!‹, dann kommt er; und wenn ich meinem Diener befehle: ›Tu das!‹, dann tut er's.«

Als Jesus das hörte, staunte er und sagte zu den Leuten, die ihm folgten: »Wahrhaftig, solch ein Vertrauen habe ich in Israel nirgends gefunden! Doch ich sage euch: Viele werden kommen, aus Ost und West, und zusammen mit Abraham, Isaak und Jakob in Gottes neuer Welt zu Tisch sitzen. Aber die Menschen, die bis jetzt das Anrecht darauf hatten, werden in die Dunkelheit hinausgestoßen. Dort gibt es nur noch Jammern und Zähneknirschen.«

Dann sagte Jesus zu dem Hauptmann: »Geh nach Hause! Wie du es im Vertrauen von mir erwartet hast, soll es geschehen.«

Zur selben Stunde wurde sein Diener gesund.

**Jesus heilt einen Gelähmten**

Einige Tage später kam Jesus nach Kafarnaum zurück, und bald wusste jeder, dass er wieder zu Hause war. Die Menschen strömten so zahlreich zusammen, dass kein Platz mehr blieb, nicht einmal draußen vor der Tür. Jesus verkündete ihnen die Botschaft Gottes.

Da brachten vier Männer einen Gelähmten herbei, aber sie kamen wegen der Menschenmenge nicht bis zu Jesus durch. Darum stiegen sie auf das flache Dach, gruben die Lehmdecke auf und beseitigten das Holzgeflecht, genau über der Stelle, wo Jesus war. Dann ließen sie den Gelähmten auf seiner Matte durch das Loch hinunter.

Als Jesus sah, wie groß ihr Vertrauen war, sagte er zu dem Gelähmten: »Mein Kind, deine Schuld ist dir vergeben!«

Da saßen aber einige Gesetzeslehrer, die dachten bei sich: »Was nimmt der sich heraus! Das ist eine Gotteslästerung! Nur Gott kann den Menschen ihre

Schuld vergeben, sonst niemand!«
Jesus erkannte sofort, dass sie das dachten, und fragte sie: »Was macht ihr euch da für Gedanken? Was ist leichter – diesem Gelähmten zu sagen: ›Deine Schuld ist dir vergeben‹, oder: ›Steh auf, nimm deine Matte und geh umher‹?
Aber ihr sollt sehen, dass der Menschensohn die Vollmacht hat, hier auf der Erde Schuld zu vergeben!«
Und er sagte zu dem Gelähmten: »Ich befehle dir: Steh auf, nimm deine Matte und geh nach Hause!« Der Mann stand auf, nahm seine Matte und ging vor aller Augen weg.
Da waren sie alle außer sich; sie priesen Gott und sagten: »So etwas haben wir noch nie erlebt!«

## Die Stillung des Sturmes

Am Abend jenes Tages sagte Jesus zu seinen Jüngern: »Kommt, wir fahren zum anderen Ufer hinüber!« Die Jünger verabschiedeten die Leute; dann stiegen sie ins Boot, in dem Jesus noch saß, und fuhren los. Auch andere Boote fuhren mit.

Da kam ein schwerer Sturm auf, sodass die Wellen ins Boot schlugen. Das Boot füllte sich schon mit Wasser, Jesus aber lag hinten im Boot auf dem Sitzkissen und schlief. Die Jünger weckten ihn und riefen: »Lehrer, kümmert es dich nicht, dass wir untergehen?«

Jesus stand auf, sprach ein Machtwort zu dem Sturm und befahl dem tobenden See: »Schweig! Sei still!« Da legte sich der Wind und es wurde ganz still.

»Warum habt ihr solche Angst?«, fragte Jesus. »Habt ihr denn immer noch kein Vertrauen?«

Da befiel sie große Furcht und sie fragten sich: »Wer ist das nur, dass ihm sogar Wind und Wellen gehorchen!«

## Jesus heilt eine Frau am Sabbat

Einmal sprach Jesus am Sabbat in einer Synagoge. Nun war dort eine Frau, die schon achtzehn Jahre lang von einem bösen Geist geplagt wurde, der sie krank machte. Sie war verkrümmt und konnte sich nicht mehr aufrichten.

Als Jesus sie sah, rief er sie zu sich und sagte zu ihr: »Frau, du sollst deine Krankheit los sein!« Und er legte ihr die Hände auf. Sofort richtete sie sich auf und pries Gott.

Da griff der Synagogenvorsteher ein. Er ärgerte sich, dass Jesus die Frau ausgerechnet am Sabbat geheilt hatte, und sagte zu der Menge: »Die Woche hat sechs Tage zum Arbeiten. Also kommt an einem Werktag, um euch heilen zu lassen, aber nicht am Sabbat.«

Der Herr erwiderte ihm: »Ihr Scheinheiligen! Jeder von euch bindet doch am Sabbat seinen Ochsen oder Esel von der Futterkrippe los und führt ihn zur Tränke. Aber diese Frau hier, die eine Tochter Abrahams ist – achtzehn Jahre lang hielt sie der Satan gebunden, und sie sollte nicht an einem Sabbat von dieser Fessel befreit werden dürfen?«

Als Jesus das sagte, mussten alle seine Gegner sich geschlagen geben. Aber die ganze große Menge freute sich über all die wunderbaren Taten, die Jesus vollbrachte.

## Jesus gibt fünftausend Menschen zu essen

Jesus sagte zu den Jüngern: »Kommt jetzt mit, ihr allein! Wir suchen einen ruhigen Platz, damit ihr euch ausruhen könnt.«
Denn es war ein ständiges Kommen und Gehen, sodass sie nicht einmal Zeit zum Essen hatten.
So stiegen sie in ein Boot und fuhren an eine einsame Stelle. Aber die Leute sahen sie abfahren und erzählten es weiter. So kam es, dass Menschen aus allen Orten zusammenliefen und noch früher dort waren als Jesus und die Zwölf.
Als Jesus aus dem Boot stieg, sah er die vielen Menschen. Da ergriff ihn das Mitleid, denn sie waren wie Schafe, die keinen Hirten haben. Darum sprach er lange zu ihnen.
Als es Abend wurde, kamen die Jünger zu Jesus und sagten: »Es ist schon spät, und die Gegend hier ist einsam. Schick doch die Leute weg! Sie sollen in die Höfe und Dörfer ringsum gehen und sich etwas zu essen kaufen!«
Jesus erwiderte: »Gebt doch *ihr* ihnen zu essen!«
Die Jünger sagten: »Da müssten wir ja losgehen und für zweihundert Silberstücke Brot kaufen!«



Jesus fragte sie: »Wie viele Brote habt ihr denn bei euch? Geht, seht nach!«
Sie sahen nach und sagten: »Fünf, und zwei Fische.«
Da ließ er die Jünger dafür sorgen, dass sich alle in Tischgemeinschaften im grünen Gras niedersetzten. So lagerten sich die Leute in Gruppen zu hundert und zu fünfzig.
Dann nahm Jesus die fünf Brote und die zwei Fische, sah zum Himmel auf und sprach das Segensgebet darüber. Er brach die Brote in Stücke und gab die Stücke den Jüngern, damit sie sie an die Leute verteilten. Auch die zwei Fische ließ er an alle austeilen.
Und sie aßen alle und wurden satt. Sie füllten sogar noch zwölf Körbe mit dem, was von den Broten übrig blieb. Auch von den Fischen wurden noch Reste eingesammelt. Fünftausend Männer hatten an der Mahlzeit teilgenommen.

## Jesus und die Kinder

Einige Leute wollten ihre Kinder zu Jesus bringen, damit er sie berühre; aber seine Jünger fuhren sie an und wollten sie wegschicken.

Als Jesus es bemerkte, wurde er zornig und sagte zu den Jüngern: »Lasst die Kinder doch zu mir kommen und hindert sie nicht daran; denn für Menschen wie sie steht Gottes neue Welt offen. Ich versichere euch: Wer sich Gottes neue Welt nicht schenken lässt wie ein Kind, wird niemals hineinkommen.«

Dann nahm er die Kinder in die Arme, legte ihnen die Hände auf und segnete sie.

## Die Gefahr des Reichtums

Als Jesus weitergehen wollte, kam ein Mann zu ihm gelaufen, warf sich vor ihm auf die Knie und fragte: »Guter Lehrer, was muss ich tun, um das ewige Leben zu bekommen?«

Jesus antwortete: »Warum nennst du mich gut? Nur einer ist gut: Gott! Und seine Gebote kennst du doch: Du sollst nicht morden, nicht die Ehe brechen, nicht stehlen, nichts Unwahres über deinen Mitmenschen sagen, niemand berauben; ehre deinen Vater und deine Mutter!« »Lehrer«, erwiderte der Mann, »diese Gebote habe ich von Jugend an alle befolgt.«

Jesus sah ihn an; er gewann ihn lieb und sagte zu ihm: »Eines fehlt dir: Geh, verkauf alles, was du hast, und gib das Geld den Armen, so wirst du bei Gott einen unverlierbaren Besitz haben. Und dann komm und folge mir!«

Der Mann war enttäuscht über das, was Jesus ihm sagte, und ging traurig weg; denn er hatte großen Grundbesitz.

Jesus sah seine Jünger der Reihe nach an und sagte: »Wie schwer haben es doch die Besitzenden, in die neue Welt Gottes zu kommen!«

Die Jünger erschraken über seine Worte, aber Jesus sagte noch einmal: »Ja, Kinder,

es ist sehr schwer, dort hineinzukommen! Eher kommt ein Kamel durch ein Nadelöhr als ein Reicher in Gottes neue Welt.« Da gerieten die Jünger völlig außer sich. »Wer kann dann überhaupt gerettet werden?«, fragten sie einander.
Jesus sah sie an und sagte: »Wenn es auf die Menschen ankommt, ist es unmöglich, aber nicht, wenn es auf Gott ankommt. Für Gott ist alles möglich.«

**Zachäus**

Jesus ging nach Jericho hinein und zog durch die Stadt.
In Jericho lebte ein Mann namens Zachäus. Er war der oberste Zolleinnehmer in der Stadt und war sehr reich. Er wollte unbedingt sehen, wer dieser Jesus sei. Aber er war klein und die Menschenmenge versperrte ihm die Sicht. So lief er voraus und kletterte auf einen Maulbeerfeigenbaum, um Jesus sehen zu können; denn dort musste er vorbeikommen.
Als Jesus an die Stelle kam, schaute er hinauf und redete ihn an: »Zachäus, komm schnell herunter, ich muss heute dein Gast sein!«
Zachäus stieg schnell vom Baum und nahm Jesus voller Freude bei sich auf. Alle sahen es und murrten; sie sagten: »Bei einem ausgemachten Sünder ist er eingekehrt!«
Aber Zachäus wandte sich an den Herrn und sagte zu ihm: »Herr, ich verspreche dir, ich werde die Hälfte meines Besitzes den Armen geben. Und wenn ich jemand zu viel abgenommen habe, will ich es ihm vierfach zurückgeben.«
Darauf sagte Jesus zu ihm: »Heute ist dir und deiner ganzen Hausgemeinschaft die Rettung zuteil geworden! Auch du bist ja ein Sohn Abrahams. Der Menschensohn ist gekommen, um die Verlorenen zu suchen und zu retten.«

## Die Botschaft Jesu

*Jesus hat den Menschen die Gute Nachricht gebracht, dass Gott die Welt verwandeln, ihre Dunkelheiten hell machen, ihre Krankheiten heilen und so sein Reich errichten will. Diese Botschaft ist für sein Wirken so zentral, dass sie den Berichten über Jesus ihren Namen gegeben hat – Evangelium, das heißt wörtlich übersetzt: Gute Nachricht. Vielfach kleidet Jesus seine Verkündigung in die Form von Gleichnissen. Das sind Geschichten, die alltägliche Dinge zum Bild für die eigentlich unvergleichliche Wirklichkeit des Reiches Gottes machen.*

*Das Gleichnis vom »vierfachen Ackerboden« (S. 110–111) zeigt die Durchsetzungskraft von Gottes Reich: Sichtbar sind Vögel, die alles fressen, Fels, der nichts aufnimmt, Dornen, die alles ersticken. Unsichtbar aber ist die schon wachsende überreiche Ernte. Auch die Frage nach dem wichtigsten Gebot beantwortet Jesus mit einem Gleichnis (S. 112): Ein Mann aus dem Volk der Samariter, die von den Juden wegen ihres Glaubens verachtet wurden, wird zum Vorbild für ein Verhalten, das dem jüdischen Gesetz entspricht, während die Frommen versagen. In der Geschichte vom Vater und seinen Söhnen (S. 114–115) steht der jüngere Bruder für den Menschen, der ohne Gott auskommen will und zuletzt die Erfahrung macht, dass die Liebe des Vaters ihn erneuert und über alles hinaushebt, was er bislang war und aus sich machen wollte. Der ältere Sohn jedoch, der auf sein Recht als zuverlässiger Mitarbeiter des Vaters pocht, steht in Gefahr, sich selbst vom Festmahl des ewigen Lebens auszuschließen.*

*Um die Verkündigung der kommenden Gottesherrschaft geht es auch in der Bergpredigt (S. 117–123). Am Anfang steht eine achtfache Heilszusage (»Freuen dürfen sich alle…«), die den Genannten die Teilhabe an Gottes Reich zuspricht. Darin ist zugleich der Appell eingeschlossen, dieser Zusage durch Haltung und Verhalten gerecht zu werden (S. 117). Jesus deckt den Willen Gottes auf, der hinter den Gesetzen des Alten Testaments steht. So ist für ihn das 5. Gebot (Du sollst nicht töten) schon da überschritten, wo ein Mitmensch durch Äußerungen »verletzt« wird (S. 118). Herzstück der Bergpredigt ist das Vaterunser (S. 120–121): Nur in dem Maße, in dem sich ein Mensch dem Geist dieses Gebets öffnet und anfängt, aus ihm zu leben, sind die erhobenen Forderungen erfüllbar.*

**Vierfacher Ackerboden**

Wieder einmal war Jesus am See und wollte zu den Menschen sprechen. Es hatte sich aber eine so große Menge versammelt, dass er sich in ein Boot setzen und ein Stück vom Ufer abstoßen musste.
Die Menge blieb am Ufer, und Jesus erklärte ihnen vieles von seiner Botschaft mit Hilfe von Gleichnissen.
Unter anderem sagte er: »Hört zu! Ein Bauer ging aufs Feld, um zu säen. Als er die Körner ausstreute, fiel ein Teil von ihnen auf den Weg. Da kamen die Vögel und pickten sie auf.
Andere Körner fielen auf felsigen Grund, der nur mit einer dünnen Erdschicht bedeckt war. Sie gingen rasch auf, weil sie sich nicht in der Erde verwurzeln konnten; aber als die Sonne hochstieg, vertrockneten die jungen Pflanzen, und weil sie keine Wurzeln hatten, verdorrten sie.
Wieder andere Körner fielen in Dornengestrüpp, das bald die Pflanzen überwucherte und erstickte, sodass sie keine Frucht brachten.

Andere Körner schließlich fielen auf guten Boden; sie gingen auf, wuchsen und brachten Frucht. Manche brachten dreißig Körner, andere sechzig, wieder andere hundert.«
Und Jesus sagte: »Wer Ohren hat, soll gut zuhören!«
Als Jesus mit dem Kreis der Zwölf und den anderen Jüngern allein war, wollten sie wissen, warum er in Gleichnissen sprach.
Jesus sagte: »Euch hat Gott seinen geheimnisvollen Plan erkennen lassen, nach dem er schon begonnen hat, seine Herrschaft in der Welt aufzurichten; aber die Außenstehenden erfahren von alledem nur in Gleichnissen. Es heißt ja: ›Sie sollen hinsehen, so viel sie wollen, und doch nichts erkennen; sie sollen zuhören, so viel sie wollen, und doch nichts verstehen, damit sie nicht zu Gott umkehren und er ihnen ihre Schuld vergibt!‹«
Jesus fragte die Zwölf und die anderen Jünger: »Versteht ihr dieses Gleichnis denn nicht? Wie wollt ihr dann all die anderen Gleichnisse verstehen?
Der Bauer, der die Samenkörner ausstreut, sät die Botschaft Gottes aus. Manchmal fallen die Worte auf den Weg. So ist es bei den Menschen, die die Botschaft zwar hören, aber dann kommt sofort der Satan und nimmt weg, was in ihr Herz gesät wurde.
Bei anderen ist es wie bei dem Samen, der auf felsigen Grund fällt. Sie hören die Botschaft und nehmen sie sogleich mit Freuden an; aber sie kann in ihnen keine Wurzeln schlagen, weil diese Leute unbeständig sind. Wenn sie wegen der Botschaft in Schwierigkeiten geraten oder verfolgt werden, werden sie gleich an ihr irre.
Wieder bei anderen ist es wie bei dem Samen, der in das Dornengestrüpp fällt. Sie hören zwar die Botschaft, aber sie verlieren sich in ihren Alltagssorgen, lassen sich vom Reichtum verführen und leben nur für ihre Wünsche. Dadurch wird die Botschaft erstickt und bleibt wirkungslos.
Bei anderen schließlich ist es wie bei dem Samen, der auf guten Boden fällt. Sie hören die Botschaft, nehmen sie an und bringen Frucht, manche dreißigfach, andere sechzigfach, wieder andere hundertfach.«

**Das Beispiel des barmherzigen Samariters**

Da kam ein Gesetzeslehrer und wollte Jesus auf die Probe stellen; er fragte ihn: »Lehrer, was muss ich tun, um das ewige Leben zu bekommen?«

Jesus antwortete: »Was steht denn im Gesetz? Was liest du dort?«

Der Gesetzeslehrer antwortete: »Liebe den Herrn, deinen Gott, von ganzem Herzen, mit ganzem Willen und mit aller deiner Kraft und deinem ganzen Verstand! Und: Liebe deinen Mitmenschen wie dich selbst!«

»Du hast richtig geantwortet«, sagte Jesus. »Handle so, dann wirst du leben.«

Aber dem Gesetzeslehrer war das zu einfach, und er fragte weiter: »Wer ist denn mein Mitmensch?«

Jesus nahm die Frage auf und erzählte die folgende Geschichte:

»Ein Mann ging von Jerusalem nach Jericho hinab. Unterwegs überfielen ihn Räuber. Sie nahmen ihm alles weg, schlugen ihn zusammen und ließen ihn halb tot liegen.

Nun kam zufällig ein Priester denselben Weg. Er sah den Mann liegen und ging vorbei. Genauso machte es ein Levit, als er an die Stelle kam: Er sah ihn liegen und ging vorbei.



Schließlich kam ein Reisender aus Samarien. Als er den Überfallenen sah, ergriff ihn das Mitleid. Er ging zu ihm hin, behandelte seine Wunden mit Öl und Wein und verband sie. Dann setzte er ihn auf sein eigenes Reittier und brachte ihn in das nächste Gasthaus, wo er sich weiter um ihn kümmerte.

Am anderen Tag zog er seinen Geldbeutel heraus, gab dem Wirt zwei Silberstücke und sagte: ›Pflege ihn! Wenn du noch mehr brauchst, will ich es dir bezahlen, wenn ich zurückkomme.‹«

»Was meinst du?«, fragte Jesus. »Wer von den dreien hat an dem Überfallenen als Mitmensch gehandelt?«

Der Gesetzeslehrer antwortete: »Der ihm geholfen hat!«

Jesus erwiderte: »Dann geh und mach du es ebenso!«

**Der Vater und seine zwei Söhne**

Jesus erzählte: »Ein Mann hatte zwei Söhne. Der jüngere sagte: ›Vater, gib mir den Teil der Erbschaft, der mir zusteht!‹ Da teilte der Vater seinen Besitz unter die beiden auf.

Nach ein paar Tagen machte der jüngere Sohn seinen ganzen Anteil zu Geld und zog weit weg in die Fremde. Dort lebte er in Saus und Braus und verjubelte alles.

Als er nichts mehr hatte, brach in jenem Land eine große Hungersnot aus; da ging es ihm schlecht. Er hängte sich an einen Bürger des Landes, der schickte ihn aufs Feld zum Schweinehüten. Er war so hungrig, dass er auch mit dem Schweinefutter zufrieden gewesen wäre; aber er bekam nichts davon.

Endlich ging er in sich und sagte: ›Mein Vater hat so viele Arbeiter, die bekommen alle mehr, als sie essen können, und ich komme hier um vor Hunger. Ich will zu meinem Vater gehen und zu ihm sagen: Vater, ich bin vor Gott und vor dir schuldig geworden; ich bin es nicht mehr wert, dein Sohn zu sein. Nimm mich als einen deiner Arbeiter in Dienst!‹

So machte er sich auf den Weg zu seinem Vater.

Er war noch ein gutes Stück vom Haus entfernt, da sah ihn schon sein Vater kommen, und das Mitleid ergriff ihn. Er lief ihm entgegen, fiel ihm um den Hals und überhäufte ihn mit Küssen.

›Vater‹, sagte der Sohn, ›ich bin vor Gott und vor dir schuldig geworden, ich bin es nicht mehr wert, dein Sohn zu sein!‹

Aber der Vater rief seinen Dienern zu: ›Schnell, holt die besten Kleider für ihn, steckt ihm einen Ring an den Finger und bringt ihm Schuhe! Holt das Mastkalb und schlachtet es! Wir wollen ein Fest feiern und uns freuen! Denn mein Sohn hier war tot, jetzt lebt er wieder. Er war verloren, jetzt ist er wiedergefunden.‹ Und sie begannen zu feiern.

Der ältere Sohn war noch auf dem Feld. Als er zurückkam und sich dem Haus näherte, hörte er das Singen und Tanzen. Er rief einen der Diener herbei und fragte ihn, was denn da los sei. Der sagte: ›Dein Bruder ist zurückgekommen und dein Vater hat das Mastkalb schlachten lassen, weil er ihn gesund wiederhat.‹

Der ältere Sohn wurde zornig und wollte nicht ins Haus gehen. Da kam der Vater heraus und redete ihm gut zu.

Aber der Sohn sagte zu ihm: ›Du weißt doch: All die Jahre habe ich wie ein

Sklave für dich geschuftet, nie war ich dir ungehorsam. Was habe ich dafür bekommen? Mir hast du nie auch nur einen Ziegenbock gegeben, damit ich mit meinen Freunden feiern konnte. Aber der da, dein Sohn, hat dein Geld mit Huren durchgebracht; und jetzt kommt er nach Hause, da schlachtest du gleich das Mastkalb für ihn.‹
›Mein Sohn‹, sagte der Vater, ›du bist immer bei mir, und dir gehört alles, was ich habe. Wir konnten doch gar nicht anders als feiern und uns freuen! Denn dein Bruder war tot, jetzt ist er wieder am Leben. Er war verloren, und jetzt ist er wiedergefunden.‹«

**Das große Fest**

An einem Sabbat ging Jesus zum Essen in das Haus eines der führenden Pharisäer, und die dort versammelten Männer beobachteten ihn genau.

Einer von den Gästen sagte zu Jesus: »Freuen dürfen sich alle, die mit zu Tisch sitzen werden in Gottes neuer Welt!«

Doch Jesus antwortete ihm mit einem Gleichnis; er sagte:

»Ein Mann hatte viele Leute zu einem großen Essen eingeladen. Als die Stunde für das Mahl da war, schickte er seinen Diener, um die Gäste zu bitten: ›Kommt! Alles ist hergerichtet!‹ Aber einer nach dem andern begann, sich zu entschuldigen.

Der erste erklärte: ›Ich habe ein Stück Land gekauft, das muss ich mir jetzt unbedingt ansehen; bitte, entschuldige mich.‹

Ein anderer sagte: ›Ich habe fünf Ochsengespanne gekauft und will gerade sehen, ob sie etwas taugen; bitte, entschuldige mich.‹

Ein dritter sagte: ›Ich habe eben erst geheiratet, darum kann ich nicht kommen.‹

Der Diener kam zurück und berichtete alles seinem Herrn. Da wurde der Herr zornig und befahl ihm: ›Lauf schnell auf die Straßen und Gassen der Stadt und hol die Armen, Verkrüppelten, Blinden und Gelähmten her!‹

Der Diener kam zurück und meldete: ›Herr, ich habe deinen Befehl ausgeführt, aber es ist immer noch Platz da.‹

Der Herr sagte zu ihm: ›Dann geh auf die Landstraßen und an die Zäune draußen vor der Stadt, wo die Landstreicher sich treffen, und dränge die Leute hereinzukommen, damit mein Haus voll wird!‹«

Jesus schloss: »Das sollt ihr wissen: Von den zuerst geladenen Gästen kommt mir niemand an meinen Tisch!«

**Die Bergpredigt**

Große Menschenmengen aus Galiläa, aus dem Gebiet der Zehn Städte, aus Jerusalem und Judäa und von der anderen Seite des Jordans zogen mit Jesus.

Als Jesus die Menschenmenge sah, stieg er auf einen Berg und setzte sich. Seine Jünger traten zu ihm. Dann begann er zu reden und lehrte sie, was Gott jetzt von seinem Volk verlangt.

**Wer sich freuen darf**

Er sagte:
»Freuen dürfen sich alle,
die nur noch von Gott etwas erwarten –
mit Gott werden sie leben in seiner neuen Welt.
Freuen dürfen sich alle,
die unter dieser heillosen Welt leiden –
Gott wird ihrem Leid ein Ende machen.
Freuen dürfen sich alle,
die unterdrückt sind und auf Gewalt verzichten –
Gott wird ihnen die Erde zum Besitz geben.
Freuen dürfen sich alle,
die danach hungern und dürsten,
dass sich auf der Erde Gottes gerechter Wille durchsetzt –
Gott wird ihren Hunger stillen.
Freuen dürfen sich alle,
die barmherzig sind –
Gott wird auch mit ihnen barmherzig sein.
Freuen dürfen sich alle,
die im Herzen rein sind –
sie werden Gott sehen.
Freuen dürfen sich alle,
die Frieden stiften –
Gott wird sie als seine Söhne und Töchter annehmen.
Freuen dürfen sich alle,
die verfolgt werden, weil sie tun, was Gott will –
mit Gott werden sie leben in seiner neuen Welt.
Freuen dürft ihr euch, wenn sie euch beschimpfen und verfolgen und verleumden, weil ihr zu mir gehört. Freut euch und jubelt, denn bei Gott erwartet euch reicher Lohn. So haben sie die Propheten vor euch auch schon behandelt.«

## Die Aufgabe der Jünger

»Ihr seid das Salz für die Welt. Wenn aber das Salz seine Kraft verliert, wodurch kann es sie wiederbekommen? Es ist zu nichts mehr zu gebrauchen. Es wird weggeworfen und die Menschen zertreten es.
Ihr seid das Licht für die Welt. Eine Stadt, die auf einem Berg liegt, kann nicht verborgen bleiben. Auch zündet niemand eine Lampe an, um sie dann unter einen Topf zu stellen. Im Gegenteil, man stellt sie auf den Lampenständer, damit sie allen im Haus Licht gibt. Genauso muss auch euer Licht vor den Menschen leuchten: Sie sollen eure guten Taten sehen und euren Vater im Himmel preisen.«



## Vom Töten

»Ihr wisst, dass unseren Vorfahren gesagt worden ist: ›Du sollst nicht morden! Wer einen Mord begeht, soll vor Gericht gestellt werden.‹
Ich aber sage euch: Schon wer auf seinen Bruder oder seine Schwester zornig ist, gehört vor Gericht. Wer zu seinem Bruder oder seiner Schwester sagt: ›Du Idiot‹, gehört vor das oberste Gericht. Und wer zu seinem Bruder oder seiner Schwester sagt: ›Geh zum Teufel‹, gehört ins Feuer der Hölle.
Wenn du zum Altar gehst, um Gott deine Gabe zu bringen, und dort fällt dir ein, dass dein Bruder oder deine Schwester etwas gegen dich hat, dann lass deine Gabe vor dem Altar liegen, geh zuerst hin und söhne dich aus. Danach komm und bring Gott dein Opfer.
Denkt nicht, ich sei gekommen, um das Gesetz und die Weisungen der Propheten außer Kraft zu setzen. Ich bin nicht gekommen, um sie außer Kraft zu setzen, sondern um sie zu erfüllen und ihnen volle Geltung zu verschaffen.
Ich versichere euch: Solange Himmel und Erde bestehen, wird kein i-Punkt und kein Komma im Gesetz gestrichen. Das ganze Gesetz muss erfüllt werden.«

**Vom Vergelten**

»Ihr wisst, dass es heißt: ›Auge um Auge, Zahn um Zahn.‹
Ich aber sage euch: Verzichtet auf Gegenwehr, wenn euch jemand Böses tut!
Mehr noch: Wenn dich jemand auf die rechte Backe schlägt, dann halte auch die linke hin. Wenn jemand mit dir um dein Hemd prozessieren will, dann gib ihm den Mantel dazu. Und wenn jemand dich zwingt, *eine* Meile mit ihm zu gehen, dann geh mit ihm zwei.
Wenn jemand dich um etwas bittet, gib es ihm; wenn jemand etwas von dir borgen möchte, sag nicht nein.«

**Von der Feindesliebe**

»Ihr wisst, dass es heißt: ›Liebe deinen Mitmenschen; hasse deinen Feind.‹
Ich aber sage euch: Liebt eure Feinde und betet für alle, die euch verfolgen. So erweist ihr euch als Kinder eures Vaters im Himmel. Denn er lässt seine Sonne scheinen auf böse Menschen wie auf gute, und er lässt es regnen auf alle, ob sie ihn ehren oder verachten.
Wie könnt ihr von Gott eine Belohnung erwarten, wenn ihr nur die liebt, die euch ebenfalls lieben? Das tun auch die Betrüger! Was ist denn schon Besonderes daran, wenn ihr nur zu euresgleichen freundlich seid? Das tun auch die, die Gott nicht kennen!
Nein, wie die Liebe eures Vaters im Himmel, so soll auch eure Liebe sein: vollkommen und ungeteilt.«

**Vom Beten**

»Hütet euch, eure Frömmigkeit vor den Menschen zur Schau zu stellen! Denn dann habt ihr keinen Lohn mehr von eurem Vater im Himmel zu erwarten.
Wenn ihr betet, dann tut es nicht wie die Scheinheiligen! Sie beten gern öffentlich in den Synagogen und an den Straßenecken, damit sie von allen gesehen werden. Ich versichere euch: Sie haben ihren Lohn schon kassiert.
Wenn du beten willst, dann geh in dein Zimmer, schließ die Tür zu und bete zu deinem Vater, der im Verborgenen ist. Dein Vater, der auch das Verborgene sieht, wird dich dafür belohnen.
Wenn ihr betet, dann leiert nicht Gebetsworte herunter wie die Heiden. Sie meinen, sie könnten bei Gott etwas erreichen, wenn sie viele Worte machen. Ihr sollt es anders halten. Euer Vater weiß, was ihr braucht, bevor ihr ihn bittet.«

**Das Vaterunser**

»So sollt ihr beten:
Unser Vater im Himmel!
Mach deinen Namen groß in der Welt.
Komm und richte deine Herrschaft auf.
Verschaff deinem Willen Geltung,
auf der Erde genauso wie im Himmel.
Gib uns, was wir heute zum Leben brauchen.
Vergib uns unsere Schuld,
wie auch wir allen vergeben haben,
die an uns schuldig geworden sind.
Lass uns nicht in die Gefahr kommen,
dir untreu zu werden,
sondern rette uns aus der Gewalt des Bösen.

Wenn ihr den andern vergebt, was sie euch angetan haben, dann wird euer Vater im Himmel euch auch vergeben. Wenn ihr aber den andern nicht vergebt, dann wird euer Vater euch eure Verfehlungen auch nicht vergeben.«

**Vom Schätzesammeln und Sorgen**

»Sammelt keine Schätze hier auf der Erde! Denn ihr müsst damit rechnen, dass Motten und Rost sie zerfressen oder Einbrecher sie stehlen. Sammelt lieber Schätze bei Gott. Dort werden sie nicht von Motten und Rost zerfressen und können auch nicht von Einbrechern gestohlen werden. Denn euer Herz wird immer dort sein, wo ihr eure Schätze habt.

Aus dem Auge leuchtet das Innere des Menschen: Wenn dein Auge klar blickt, ist deine ganze Erscheinung hell; wenn dein Auge durch Neid oder Habgier getrübt ist, ist deine ganze Erscheinung finster. – Wie groß muss diese Finsternis sein, wenn statt des Lichtes in dir nur Dunkelheit ist!

Niemand kann zwei Herren zugleich dienen. Er wird den einen vernachlässigen und den andern bevorzugen. Er wird dem einen treu sein und den andern hintergehen. Ihr könnt nicht beiden zugleich dienen: Gott und dem Geld.

Darum sage ich euch: Macht euch keine Sorgen um euer Leben, ob ihr etwas zu essen oder zu trinken habt, und um

euren Leib, ob ihr etwas anzuziehen habt! Das Leben ist mehr als Essen und Trinken, und der Leib ist mehr als die Kleidung!
Seht euch die Vögel an! Sie säen nicht, sie ernten nicht, sie sammeln keine Vorräte – aber euer Vater im Himmel sorgt für sie. Und ihr seid ihm doch viel mehr wert als Vögel!
Wer von euch kann durch Sorgen sein Leben auch nur um einen Tag verlängern?
Und warum macht ihr euch Sorgen um das, was ihr anziehen sollt? Seht, wie die Blumen auf den Feldern wachsen! Sie arbeiten nicht und machen sich keine Kleider, doch ich sage euch: Nicht einmal Salomo bei all seinem Reichtum war so prächtig gekleidet wie irgendeine von ihnen. Wenn Gott sogar die Feldblumen so ausstattet, die heute blühen und morgen verbrannt werden, wird er sich dann nicht erst recht um euch kümmern? Habt ihr so wenig Vertrauen?
Also macht euch keine Sorgen! Fragt nicht: ›Was sollen wir essen?‹ ›Was sollen wir trinken?‹ ›Was sollen wir anziehen?‹ Mit all dem plagen sich Menschen, die Gott nicht kennen. Euer Vater im Himmel weiß, dass ihr all das braucht.
Sorgt euch zuerst darum, dass ihr euch seiner Herrschaft unterstellt und tut, was er verlangt, dann wird er euch schon mit all dem anderen versorgen.
Quält euch also nicht mit Gedanken an morgen; der morgige Tag wird für sich selber sorgen. Es genügt, dass jeder Tag seine eigene Last hat.«

**Nicht verurteilen**

»Verurteilt nicht andere, damit Gott nicht *euch* verurteilt! Denn euer Urteil wird auf euch zurückfallen, und ihr werdet mit demselben Maß gemessen werden, das ihr bei anderen anlegt.
Warum kümmerst du dich um den Splitter im Auge deines Bruders oder deiner Schwester und bemerkst nicht den Balken in deinem eigenen? Wie kannst du zu deinem Bruder oder deiner Schwester sagen: ›Komm her, ich will dir den Splitter aus dem Auge ziehen‹, wenn du selbst einen ganzen Balken im Auge hast? Scheinheilig bist du! Zieh doch erst den Balken aus deinem eigenen Auge, dann kannst du dich um den Splitter in einem anderen Auge kümmern!«

**Voll Vertrauen zu Gott beten**

»Bittet und ihr werdet bekommen! Sucht und ihr werdet finden! Klopft an und es wird euch geöffnet! Denn wer bittet, der bekommt; wer sucht, der findet; und wer anklopft, dem wird geöffnet. Wer von euch würde seinem Kind einen Stein geben, wenn es um Brot bittet? Oder eine Schlange, wenn es um Fisch bittet? So schlecht ihr auch seid, ihr wisst doch, was euren Kindern gut tut, und gebt es ihnen. Wie viel mehr wird euer Vater im Himmel denen Gutes geben, die ihn darum bitten.«

**Eine einfache Regel**

»Behandelt die Menschen so, wie ihr selbst von ihnen behandelt werden wollt – das ist es, was das Gesetz und die Propheten fordern.«

**Vom Hausbau**

»Wer diese meine Worte hört und sich nach ihnen richtet, wird am Ende dastehen wie ein kluger Mann, der sein Haus auf felsigen Grund baute. Als dann die Regenflut kam, die Flüsse über die Ufer traten und der Sturm tobte und an dem Haus rüttelte, stürzte es nicht ein, weil es auf Fels gebaut war. Wer dagegen diese meine Worte hört und sich nicht nach ihnen richtet, wird am Ende wie ein Dummkopf dastehen, der sein Haus auf Sand baute. Als dann die Regenflut kam, die Flüsse über die Ufer traten, der Sturm tobte und an dem Haus rüttelte, fiel es in sich zusammen und alles lag in Trümmern.«

Als Jesus seine Rede beendet hatte, waren alle von seinen Worten tief beeindruckt.

**Das Leiden und die Auferstehung Jesu**

*Jesu Verkündigung, dass mit ihm die Gottesherrschaft angebrochen ist, trägt ihm die Feindschaft der religiösen Autoritäten seines Volkes ein, die in dem Beschluss gipfelt, Jesus zu töten. Am Vorabend der Passion feiert Jesus mit seinen Jüngern das Mahl, das fortan Zeichen und Mitteilungsform des Heils ist, das den Menschen durch seinen Tod geschenkt wird (S. 126–127). Parallel zur Leidensgeschichte Jesu wird das Verhalten der Jünger dargestellt, in dem die Gemeinde sich selbst wiederfinden kann und das ihr als Mahnung dient: Die Jünger verleugnen Jesus, versuchen ihn durch Gewaltanwendung zu verteidigen, lassen ihn schließlich im Stich – und geben damit überdeutlich zu erkennen, dass sie ihn und seine Sendung nicht verstanden haben (S. 128–132).*

*Die letzten Stunden Jesu sind ausgefüllt vom Spott triumphierender Gegner (S. 134–135). Als er stirbt, verdunkelt eine Finsternis das Land, die Zeichen des anbrechenden letzten Gerichts ist. Jesus stirbt mit einem Wort aus dem 22. Psalm: »Mein Gott, mein Gott, warum hast du mich verlassen?« Es ist sein Gott, dem er seine Gottverlassenheit klagt und sie damit zugleich überwindet. Der römische Hauptmann, der das Exekutionskommando befehligt, ist der erste und einzige, in dem in diesem Augenblick der Glaube erwacht. Unter dem Kreuz bekennt er sich zu Jesus als dem Sohn Gottes (S. 134–135). Von Jesu Gefolgschaft haben nur die Frauen bis zum Schluss bei ihm ausgeharrt. Sie sind auch dabei, als Josef von Arimathäa, ein Mitglied des jüdischen Rats, den Leichnam bestattet (S. 135). Doch der Tod ist für Jesus nicht das Ende; Gott hat ihn von den Toten auferweckt. Die Frauen, die Jesus bis zum Grab begleitet hatten, sind nun auch die ersten, die von seiner Auferstehung erfahren. Aber die Jünger, denen sie von ihrem Erlebnis berichten, schenken ihnen keinen Glauben (S. 136). Doch dann begegnen zwei von ihnen auf dem Weg zum nahe gelegenen Emmaus selbst dem auferstandenen Herrn. Sie erkennen Jesus zunächst nicht. Erst als er ihnen beim Mahl das Brot bricht, geben ihnen die Augen auf. Ihr neu geweckter Glaube braucht die sichtbare Gegenwart Jesu nicht mehr. Wie alle Christen nach ihnen können sie darauf vertrauen, dass Jesus nunmehr in einer anderen Weise bei ihnen ist (S. 138–139).*

**Pläne gegen Jesus**

Es waren noch zwei Tage bis zum Passafest und dem Fest der Ungesäuerten Brote. Die führenden Priester und die Gesetzeslehrer suchten nach einer Möglichkeit, Jesus heimlich zu verhaften und umzubringen.
»Auf keinen Fall darf es während des Festes geschehen«, sagten sie, »sonst gibt es einen Aufruhr im Volk.«

**Eine Frau ehrt Jesus**

Jesus war in Betanien bei Simon, dem Aussätzigen, zu Gast. Während des Essens kam eine Frau herein. Sie hatte ein Fläschchen mit reinem, kostbarem Nardenöl. Das öffnete sie und goss Jesus das Öl über den Kopf.
Einige der Anwesenden waren empört darüber. »Was soll diese Verschwendung?«, sagten sie zueinander. »Dieses Öl hätte man für mehr als dreihundert Silberstücke verkaufen und das Geld den Armen geben können!« Sie machten der Frau heftige Vorwürfe.
Aber Jesus sagte: »Lasst sie in Ruhe! Warum bringt ihr sie in Verlegenheit? Sie hat eine gute Tat an mir getan. Arme wird es immer bei euch geben und ihr könnt ihnen helfen, sooft ihr wollt. Aber mich habt ihr nicht mehr lange bei euch. Sie hat getan, was sie jetzt noch tun konnte: Sie hat meinen Körper im Voraus für das Begräbnis gesalbt. Ich versichere euch: Überall in der Welt, wo in Zukunft die Gute Nachricht verkündet wird, wird auch berichtet werden, was sie getan hat. Ihr Andenken wird immer lebendig bleiben.«

**Judas wird zum Verräter**

Darauf ging Judas Iskariot, einer aus dem Kreis der Zwölf, zu den führenden Priestern, um ihnen Jesus in die Hände zu spielen. Sie freuten sich darüber und versprachen ihm Geld.
Von da an suchte Judas eine günstige Gelegenheit, Jesus zu verraten.

**Das Abendmahl**

Es kam der erste Tag der Festwoche, während der ungesäuertes Brot gegessen wird, der Tag, an dem die Passalämmer geschlachtet werden. Da fragten die Jünger Jesus: »Wo sollen wir für dich das Passamahl vorbereiten?«

Jesus schickte zwei von ihnen mit dem Auftrag weg: »Geht in die Stadt! Dort werdet ihr einen Mann treffen, der einen Wasserkrug trägt. Folgt ihm, bis er in ein Haus hineingeht, und sagt dem Hausherrn dort: ›Unser Lehrer lässt fragen: Welchen Raum kannst du mir zur Verfügung stellen, dass ich dort mit meinen Jüngern das Passamahl feiere?‹ Dann wird er euch ein großes Zimmer im Obergeschoss zeigen, das mit Polstern ausgestattet und schon zur Feier hergerichtet ist. Dort bereitet alles für uns vor.«

Die beiden gingen in die Stadt. Sie fanden alles so, wie Jesus es ihnen gesagt hatte, und bereiteten das Passamahl vor. Als es Abend geworden war, kam Jesus mit den Zwölf dorthin. Während der Mahlzeit sagte er: »Ich versichere euch: Einer von euch wird mich verraten – einer, der jetzt mit mir isst.«

Sie waren bestürzt, und einer nach dem andern fragte ihn: »Du meinst doch nicht mich?«

Jesus antwortete: »Einer von euch zwölf wird es tun; einer, der sein Brot mit mir in dieselbe Schüssel taucht. Der Menschensohn muss zwar sterben, wie es in den Heiligen Schriften angekündigt ist. Aber wehe dem Menschen, der den Menschensohn verrät! Er wäre besser nie geboren worden!«
Während der Mahlzeit nahm Jesus ein Brot, sprach das Segensgebet darüber, brach es in Stücke und gab es ihnen mit den Worten: »Nehmt, das ist mein Leib!«
Dann nahm er den Becher, sprach darüber das Dankgebet, gab ihnen auch den, und alle tranken daraus. Dabei sagte er zu ihnen: »Das ist mein Blut, das für alle Menschen vergossen wird. Mit ihm wird der Bund in Kraft gesetzt, den Gott jetzt mit den Menschen schließt.
Ich sage euch: Ich werde keinen Wein mehr trinken, bis ich ihn neu trinken werde an dem Tag, an dem Gott sein Werk vollendet hat!«

**Jesus sagt das Versagen von Petrus voraus**

Dann sangen sie die Dankpsalmen und gingen hinaus zum Ölberg.
Unterwegs sagte Jesus zu ihnen: »Ihr werdet alle an mir irrewerden, denn es heißt: ›Ich werde den Hirten töten und die Schafe werden auseinander laufen.‹ Aber wenn ich vom Tod auferweckt worden bin, werde ich euch vorausgehen nach Galiläa.«
Petrus widersprach ihm: »Selbst wenn alle andern an dir irrewerden – ich nicht!«
Jesus antwortete: »Ich versichere dir: Heute, in dieser Nacht, bevor der Hahn zweimal kräht, wirst du mich dreimal verleugnen und behaupten, dass du mich nicht kennst.«
Da sagte Petrus noch bestimmter: »Und wenn ich mit dir sterben müsste, ich werde dich ganz bestimmt nicht verleugnen!«
Das Gleiche sagten auch alle andern.

## Jesus betet im Garten Getsemani

Sie kamen zu einem Grundstück, das Getsemani hieß. Jesus sagte zu seinen Jüngern: »Bleibt hier sitzen, während ich beten gehe!«
Petrus, Jakobus und Johannes nahm er mit. Angst und Schrecken befielen ihn, und er sagte zu ihnen: »Ich bin so bedrückt, ich bin mit meiner Kraft am Ende. Bleibt hier und wacht!«
Dann ging er noch ein paar Schritte weiter und warf sich auf die Erde. Er betete zu Gott, dass er ihm, wenn es möglich wäre, diese schwere Stunde erspare. »Abba Vater«, sagte er, »alles ist dir möglich! Erspare es mir, diesen Kelch trinken zu müssen! Aber es soll geschehen, was *du* willst, nicht was ich will.«
Dann kehrte er zu den Jüngern zurück und sah, dass sie eingeschlafen waren. Da sagte er zu Petrus: »Simon, du schläfst? Konntest du nicht eine einzige Stunde wach bleiben?«
Dann sagte er zu ihnen allen: »Bleibt wach und betet, damit ihr in der kommenden Prüfung nicht versagt. Der Geist in euch ist willig, aber eure menschliche Natur ist schwach.«
Noch einmal ging Jesus weg und betete mit den gleichen Worten wie vorher.



Als er zurückkam, schliefen sie wieder. Die Augen waren ihnen zugefallen, und sie wussten nicht, was sie ihm antworten sollten.
Als Jesus das dritte Mal zurückkam, sagte er zu ihnen: »Schlaft ihr denn immer noch und ruht euch aus? Genug jetzt, die Stunde ist da! Jetzt wird der Menschensohn an die Menschen, die Sünder, ausgeliefert. Steht auf, wir wollen gehen; er ist schon da, der mich verrät.«

## Jesus wird verhaftet

Noch während Jesus das sagte, kam Judas, einer der Zwölf, mit einem Trupp von Männern, die mit Schwertern und Knüppeln bewaffnet waren. Sie waren von den führenden Priestern, den Gesetzeslehrern und den Ratsältesten geschickt worden.
Der Verräter hatte mit ihnen ein Erkennungszeichen ausgemacht:
»Wem ich einen Begrüßungskuss gebe, der ist es. Den nehmt fest und führt ihn unter Bewachung ab!«
Judas ging sogleich auf Jesus zu, begrüßte ihn mit »Rabbi!« und küsste ihn so, dass alle es sehen konnten. Da packten sie Jesus und nahmen ihn fest. Aber einer von denen, die dabeistanden, zog sein Schwert, hieb auf den Bevollmächtigten des Obersten Priesters ein und schlug ihm ein Ohr ab.
Jesus sagte zu den Männern: »Warum rückt ihr hier mit Schwertern und Knüppeln an, um mich gefangen zu nehmen? Bin ich denn ein Verbrecher? Täglich war ich bei euch im Tempel und lehrte die Menschen, da habt ihr mich nicht festgenommen. Aber was in den Heiligen Schriften angekündigt wurde, muss in Erfüllung gehen.«



Da verließen ihn alle seine Jünger und flohen.
Ein junger Mann folgte Jesus; er war nur mit einem leichten Überwurf bekleidet. Ihn wollten sie auch festnehmen; aber er riss sich los, ließ sein Kleidungsstück zurück und rannte nackt davon.

## Jesus vor dem jüdischen Rat

Sie brachten Jesus zum Obersten Priester. Dort versammelten sich alle führenden Priester und alle Ratsältesten und Gesetzeslehrer. Petrus folgte Jesus in weitem Abstand und kam bis in den Innenhof des Palastes. Dort saß er bei den Dienern und wärmte sich am Feuer.
Die führenden Priester und der ganze Rat versuchten, Jesus durch Zeugenaussagen zu belasten, damit sie ihn zum Tod verurteilen könnten; aber es gelang ihnen nicht. Es sagten zwar viele falsche Zeugen gegen Jesus aus, aber ihre Aussagen stimmten nicht überein.
Dann traten einige auf und behaupteten:
»Wir haben ihn sagen hören: ›Ich werde diesen Tempel, der von Menschen erbaut wurde, niederreißen und werde in drei Tagen einen anderen bauen, der nicht von Menschen gemacht ist.‹« Aber auch ihre Aussagen widersprachen einander.

Da stand der Oberste Priester auf, trat in die Mitte und fragte Jesus: »Hast du nichts zu sagen zu dem, was diese beiden gegen dich vorbringen?«
Aber Jesus schwieg und sagte kein Wort.
Darauf fragte der Oberste Priester ihn: »Bist du Christus, der versprochene Retter, der Sohn Gottes?«
»Ich bin es«, sagte Jesus, »und ihr werdet den Menschensohn sehen, wie er an der rechten Seite des Allmächtigen sitzt und mit den Wolken des Himmels kommt!«
Da zerriss der Oberste Priester sein Gewand und sagte: »Was brauchen wir noch Zeugen? Ihr habt es selbst gehört, wie er Gott beleidigt hat. Wie lautet euer Urteil?«
Einstimmig erklärten sie, er habe den Tod verdient.
Einige begannen, Jesus anzuspucken. Sie warfen ihm ein Tuch über den Kopf, sodass er nichts sehen konnte; dann schlugen sie ihn mit Fäusten und sagten: »Wer war es? Du bist doch ein Prophet!« Dann nahmen ihn die Gerichtspolizisten vor und gaben ihm Ohrfeigen.

**Petrus verleugnet Jesus**

Petrus war noch immer unten im Hof. Eine Dienerin des Obersten Priesters kam vorbei. Als sie Petrus am Feuer bemerkte, sah sie ihn genauer an und meinte: »Du warst doch auch mit dem Jesus aus Nazaret zusammen!«
Petrus stritt es ab: »Ich habe keine Ahnung; ich weiß überhaupt nicht, wovon du redest!« Dann ging er hinaus in die Vorhalle. In dem Augenblick krähte ein Hahn.
Die Dienerin entdeckte Petrus dort wieder und sagte zu den Umstehenden: »Der gehört auch zu ihnen!« Aber er stritt es wieder ab.
Kurz darauf fingen die Umstehenden noch einmal an: »Natürlich gehörst du zu denen, du bist doch auch aus Galiläa!«

Aber Petrus schwor: »Gott soll mich strafen, wenn ich lüge! Ich kenne den Mann nicht, von dem ihr redet.«
In diesem Augenblick krähte der Hahn zum zweiten Mal, und Petrus erinnerte sich daran, dass Jesus zu ihm gesagt hatte: »Bevor der Hahn zweimal kräht, wirst du mich dreimal verleugnen und behaupten, dass du mich nicht kennst.«
Da fing er an zu weinen.

## Jesus vor Pilatus

Früh am Morgen schließlich trafen die führenden Priester zusammen mit den Ratsältesten und Gesetzeslehrern – also der ganze jüdische Rat – die Entscheidung: Sie ließen Jesus fesseln, führten ihn ab und übergaben ihn dem Statthalter Pilatus.
Pilatus fragte Jesus: »Bist du der König der Juden?«
»Du sagst es«, gab Jesus zur Antwort.
Die führenden Priester brachten viele Beschuldigungen gegen ihn vor. Pilatus fragte ihn: »Willst du dich nicht verteidigen? Du hast ja gehört, was sie dir alles vorwerfen.«
Aber Jesus sagte kein einziges Wort.
Darüber war Pilatus erstaunt.

## Jesu Verurteilung und Verspottung

Es war üblich, dass Pilatus zum Passafest einen Gefangenen begnadigte, den das Volk bestimmen durfte.
Damals war gerade ein gewisser Barabbas im Gefängnis, zusammen mit anderen, die während eines Aufruhrs einen Mord begangen hatten. Die Volksmenge zog also zu Pilatus und bat für Barabbas um die übliche Begnadigung.
Pilatus erwiderte: »Soll ich euch nicht den König der Juden freigeben?« Ihm wurde nämlich immer klarer, dass die führenden Priester Jesus nur aus Neid an ihn ausgeliefert hatten.
Doch die führenden Priester redeten auf die Leute ein, sie sollten fordern, dass er ihnen lieber Barabbas freigebe.
Da versuchte es Pilatus noch einmal und fragte sie: »Was soll ich dann mit dem anderen machen, den ihr den König der Juden nennt? Was wollt ihr?«
»Kreuzigen!«, schrien sie.
»Was hat er denn verbrochen?«, fragte Pilatus.
Aber sie schrien noch lauter: »Kreuzigen!«
Um die Menge zufrieden zu stellen, ließ Pilatus ihnen Barabbas frei und gab den Befehl, Jesus mit der Geißel auszupeitschen und zu kreuzigen.

## Die Soldaten verspotten Jesus

Die Soldaten brachten Jesus in den Innenhof des Palastes, der dem Statthalter als Amtssitz diente, und riefen die ganze Mannschaft zusammen. Sie hängten ihm einen purpurfarbenen Mantel um, flochten eine Krone aus Dornenzweigen und setzten sie ihm auf.
Dann fingen sie an, ihn zu grüßen: »Hoch lebe der König der Juden!« Sie schlugen ihn mit einem Stock auf den Kopf, spuckten ihn an, knieten vor ihm nieder und huldigten ihm wie einem König.

## Jesus am Kreuz

Nachdem sie so ihren Spott mit ihm getrieben hatten, nahmen sie ihm den Mantel wieder ab, zogen ihm seine eigenen Kleider wieder an und führten ihn hinaus, um ihn ans Kreuz zu nageln. Sie zwangen einen Mann, der gerade vorbeiging, für Jesus das Kreuz zu tragen. Es war Simon aus Zyrene, der Vater von Alexander und Rufus, der gerade vom Feld in die Stadt zurückkam.
Sie brachten Jesus an die Stelle, die Golgota heißt, das bedeutet übersetzt »Schädelplatz«. Dort wollten sie ihm Wein mit einem betäubenden Zusatz zu trinken geben; aber Jesus nahm nichts davon.
Sie nagelten ihn ans Kreuz und verteilten dann untereinander seine Kleider. Durch das Los bestimmten sie, was jeder bekommen sollte. Es war neun Uhr morgens, als sie ihn kreuzigten. Als Grund für seine Hinrichtung hatte man auf ein Schild geschrieben: »Der König der Juden!«
Zugleich mit Jesus kreuzigten sie zwei Verbrecher, einen links und einen rechts von ihm.
Die Leute, die vorbeikamen, schüttelten den Kopf und verhöhnten Jesus: »Ha! Du wolltest den Tempel niederreißen

und in drei Tagen einen neuen bauen! Dann befreie dich doch und komm herunter vom Kreuz!«
Genauso machten sich die führenden Priester und die Gesetzeslehrer über ihn lustig. »Anderen hat er geholfen«, spotteten sie, »aber sich selbst kann er nicht helfen! Wenn er der versprochene Retter ist, der König von Israel, dann soll er doch jetzt vom Kreuz herunterkommen! Wenn wir das sehen, werden wir ihm glauben.«
Auch die beiden, die mit ihm gekreuzigt waren, beschimpften ihn.

**Jesus stirbt**

Um zwölf Uhr mittags verfinsterte sich der Himmel über dem ganzen Land. Das dauerte bis um drei Uhr. Gegen drei Uhr schrie Jesus: »Eloï, eloï, lema sabachtani?« – das heißt übersetzt: »Mein Gott, mein Gott, warum hast du mich verlassen?«
Einige von denen, die dabeistanden und es hörten, sagten: »Der ruft nach Elija!« Einer holte schnell einen Schwamm, tauchte ihn in Essig, steckte ihn auf eine Stange und wollte Jesus trinken lassen. Dabei sagte er: »Lasst mich machen! Wir wollen doch sehen, ob Elija kommt und ihn herunterholt.«

Aber Jesus schrie laut auf und starb. Da zerriss der Vorhang vor dem Allerheiligsten im Tempel von oben bis unten. Der römische Hauptmann aber, der dem Kreuz gegenüberstand und miterlebte, wie Jesus aufschrie und starb, sagte: »Dieser Mensch war wirklich Gottes Sohn!«
Auch einige Frauen waren da, die alles aus der Ferne beobachteten, unter ihnen Maria aus Magdala und Maria, die Mutter von Jakobus dem Jüngeren und von Joses, sowie Salome. Schon während seines Wirkens in Galiläa waren sie Jesus gefolgt und hatten für ihn gesorgt. Außer ihnen waren noch viele andere Frauen da, die mit Jesus nach Jerusalem gekommen waren.

**Jesus wird ins Grab gelegt**

Weil es ein Freitag war, der Vorbereitungstag für den Sabbat, und weil es schon Abend wurde, wagte Josef von Arimathäa, zu Pilatus zu gehen und ihn um den Leichnam von Jesus zu bitten. Josef war ein hoch geachtetes Ratsmitglied und einer von denen, die auch darauf warteten, dass Gott seine Herrschaft aufrichte.
Pilatus war erstaunt zu hören, dass Jesus schon gestorben sei. Er ließ sich daher von dem Hauptmann Bericht erstatten und fragte ihn, ob es sich so verhalte. Als der Hauptmann es ihm bestätigte, überließ er Josef den Leichnam.
Josef kaufte ein Leinentuch, nahm Jesus vom Kreuz und wickelte ihn in das Tuch. Dann legte er ihn in ein Grab, das in einen Felsen gehauen war, und rollte einen Stein vor den Grabeingang.
Maria aus Magdala und Maria, die Mutter von Joses, sahen sich genau an, wo Jesus bestattet worden war.

**Die Frauen am Grab**

Am Sonntagmorgen dann, in aller Frühe, nahmen die Frauen die wohlriechenden Öle, die sie sich beschafft hatten, und gingen zum Grab. Da sahen sie, dass der Stein vom Grabeingang weggerollt war. Sie gingen hinein, doch der Leichnam von Jesus, dem Herrn, war nicht mehr da.

Während sie noch ratlos dastanden, traten plötzlich zwei Männer in strahlend hellem Gewand zu ihnen. Die Frauen fürchteten sich und wagten sie nicht anzusehen; sie blickten zu Boden.

Die beiden sagten zu ihnen: »Was sucht ihr den Lebenden bei den Toten? Er ist nicht hier; Gott hat ihn vom Tod auferweckt! Erinnert euch an das, was er euch schon in Galiläa gesagt hat: ›Der Menschensohn muss den Menschen, den Sündern, ausgeliefert und ans Kreuz genagelt werden und am dritten Tag vom Tod auferstehen.‹«

Da erinnerten sich die Frauen an seine Worte. Sie verließen das Grab und gingen zu den Elf und allen Übrigen, die bei ihnen waren, und berichteten ihnen alles. Es waren Maria aus Magdala und Johanna und Maria, die Mutter von Jakobus, sowie die anderen Frauen, die mit ihnen am Grab gewesen waren.



Als die Frauen den Aposteln sagten, was sie erlebt hatten, hielten die es für leeres Gerede und wollten ihnen nicht glauben. Nur Petrus stand auf und lief zum Grab. Er schaute hinein und sah dort nichts als die Leinenbinden liegen. Darauf ging er wieder zurück und fragte sich verwundert, was da wohl geschehen war.

**Auf dem Weg nach Emmaus**

Am selben Tag gingen zwei, die zu den Jüngern von Jesus gehört hatten, nach dem Dorf Emmaus, das zwölf Kilometer von Jerusalem entfernt lag. Unterwegs unterhielten sie sich über alles, was geschehen war.

Als sie so miteinander sprachen und alles hin und her überlegten, kam Jesus selbst hinzu und ging mit ihnen. Aber sie erkannten ihn nicht; sie waren wie mit Blindheit geschlagen.

Jesus fragte sie: »Worüber redet ihr denn so erregt unterwegs?«

Da blieben sie stehen und blickten ganz traurig drein, und der eine – er hieß Kleopas – sagte: »Du bist wohl der Einzige in Jerusalem, der nicht weiß, was dort in diesen Tagen geschehen ist?«

»Was denn?«, fragte Jesus.

»Das mit Jesus von Nazaret«, sagten sie. »Er war ein Prophet; in Worten und Taten hat er vor Gott und dem ganzen Volk seine Macht erwiesen. Unsere führenden Priester und die anderen Ratsmitglieder haben ihn zum Tod verurteilt und ihn ans Kreuz nageln lassen. Und wir hatten doch gehofft, er sei der erwartete Retter, der Israel befreien soll!

Aber zu alledem ist heute auch schon der dritte Tag, seitdem dies geschehen ist! Und dann haben uns auch noch einige Frauen, die zu uns gehören, in Schrecken versetzt. Sie waren heute früh zu seinem Grab gegangen und fanden seinen Leichnam nicht mehr dort. Sie kamen zurück und erzählten, sie hätten Engel gesehen, die hätten ihnen gesagt, dass er lebt.

Einige von uns sind gleich zum Grab gelaufen und haben alles so gefunden, wie es die Frauen erzählten. Nur ihn selbst sahen sie nicht.«

Da sagte Jesus zu ihnen: »Was seid ihr doch schwer von Begriff! Warum rafft ihr euch nicht endlich auf zu glauben, was die Propheten gesagt haben? *Musste* der versprochene Retter nicht dies alles erleiden und auf diesem Weg zu seiner Herrschaft gelangen?«

Und Jesus erklärte ihnen die Worte, die sich auf ihn bezogen, von den Büchern Moses und der Propheten angefangen durch die ganzen Heiligen Schriften.

Inzwischen waren sie in die Nähe von Emmaus gekommen. Jesus tat so, als wollte er weitergehen. Aber sie ließen es nicht zu und sagten: »Bleib doch bei uns! Es geht schon auf den Abend zu, gleich wird es dunkel!« Da folgte er ihrer Einladung und blieb bei ihnen.

Als er dann mit ihnen zu Tisch saß,

nahm er das Brot, sprach das Segensgebet darüber, brach es in Stücke und gab es ihnen. Da gingen ihnen die Augen auf und sie erkannten ihn. Aber im selben Augenblick verschwand er vor ihnen.
Sie sagten zueinander: »Brannte es nicht wie ein Feuer in unserem Herzen, als er unterwegs mit uns sprach und uns den Sinn der Heiligen Schriften aufschloss?«
Und sie machten sich sofort auf den Rückweg nach Jerusalem.
Als sie dort ankamen, waren die Elf mit allen Übrigen versammelt und riefen ihnen zu: »Der Herr ist wirklich auferweckt worden! Er hat sich Simon gezeigt!«
Da erzählten sie ihnen, was sie selbst unterwegs erlebt hatten und wie sie den Herrn erkannten, als er das Brot brach und an sie austeilte.

## **Jesus zeigt sich den Jüngern**

Während die beiden noch erzählten, stand plötzlich der Herr selbst mitten unter ihnen. Er grüßte sie: »Frieden sei mit euch!«
Sie erschraken und fürchteten sich; denn sie meinten, einen Geist zu sehen. Aber er sagte: »Warum seid ihr so erschrocken? Warum kommen euch solche Gedanken? Schaut mich doch an, meine Hände, meine Füße, dann erkennt ihr, dass ich es wirklich bin! Fasst mich an und überzeugt euch; ein Geist hat doch nicht Fleisch und Knochen wie ich!«
Während er das sagte, zeigte er ihnen seine Hände und seine Füße.
Als sie es in ihrer Freude und Verwunderung noch immer nicht fassen konnten, fragte er: »Habt ihr etwas zu essen hier?« Da gaben sie ihm ein Stück gebratenen Fisch, und er nahm es und aß es vor ihren Augen.
Dann sagte er zu ihnen: »Als ich noch mit euch zusammen war, habe ich euch gesagt: ›Alles, was im Gesetz, in den Schriften der Propheten und in den Psalmen über mich steht, muss in Erfüllung gehen.‹«
Und er half ihnen, die Heiligen Schriften richtig zu verstehen. »Hier steht es geschrieben«, erklärte er ihnen: »Der versprochene Retter muss leiden und sterben und am dritten Tag vom Tod auferstehen. Und den Menschen aller Völker muss verkündet werden, dass ihnen um seinetwillen Umkehr zu Gott und Vergebung der Schuld angeboten wird. In Jerusalem muss der Anfang gemacht werden. Ihr seid Zeugen geworden von allem, was geschehen ist, und sollt es überall bezeugen!
Ich aber werde den Geist, den mein Vater versprochen hat, zu euch herabsenden. Wartet hier in der Stadt, bis das eintritt und ihr mit der Kraft von oben gestärkt werdet.«

## Bis an das Ende der Welt

*Jesu Auferstehung ist der Eintritt in ein Leben, das nicht mehr durch den Tod begrenzt ist: die Aufnahme in den Machtbereich Gottes, den man »Himmel« nennt. Gott hat Jesus aus dem Tod an seine Seite geholt und ihn in seinem – für uns noch unsichtbaren – Reich zum König eingesetzt. Trotzdem gibt es nach Ostern eine besondere Zeit, in der Jesus sich seinen Jüngern immer wieder zeigt, bis er ihnen mit seiner »Himmelfahrt« deutlich macht, dass sein Platz beim Vater ist und er ihnen fortan in anderer Weise nahe sein wird (S. 142).*

*Das ist es, was die Jünger am Pfingstfest erfahren, als der Heilige Geist zu ihnen kommt (S. 143). Mit ihm nimmt Christus Wohnung in den Herzen der Menschen, die an ihn glauben. Seine Gegenwart macht die Jünger fähig, die Botschaft vom wahren König »bis ans äußerste Ende der Erde« zu tragen. Die Geschichte der Kirche, die damit beginnt, ist eigentlich die Geschichte des Heiligen Geistes, der die Verkündiger auf immer neue Tätigkeitsfelder führt. Dabei durchbricht er auch die Schranken zwischen denen, die aus dem Judentum zur christlichen Gemeinde gekommen sind, und den Menschen aus den heidnischen Völkern.*

*Während die Apostelgeschichte den räumlichen Weg schildert, den die Christusbotschaft nimmt, um bis an »das Ende der Welt« zu gelangen, schildert die Offenbarung dieses Ende im zeitlichen Sinn. Die Offenbarung entstand in der Regierungszeit von Kaiser Domitian (81–96 n.Chr.), als die Christen wegen ihrer Weigerung, dem römischen Kaiser göttliche Verehrung zuteil werden zu lassen, in große Bedrängnis kamen. Der von den römischen Behörden auf die Insel Patmos vor der Westküste Kleinasiens verbannte Seher Johannes will die verfolgten Christen trösten und ermutigen: Nur scheinbar triumphieren die Mächte dieser Welt. Gott hat in Jesus Christus seine Herrschaft angetreten. Durch ihn regiert er auch in den Schrecken der jetzt angebrochenen Endzeit bis zur endgültigen Vollendung der Welt. In der Vision von der Erneuerung der Welt kommt die Darstellung der Offenbarung zu ihrem Ziel. An die Stelle der alten, der Sünde und dem Tod verfallenen Welt lässt Gott nun einen neuen Himmel und eine neue Erde treten (S. 155). Mit dem himmlischen Jerusalem, in dem es kein Leid und keine Tränen mehr gibt, ist das einst verlorene Paradies auf die Erde zurückgekehrt.*

## Jesus nimmt Abschied

Als Jesus wieder einmal bei ihnen war und mit ihnen aß, schärfte er ihnen ein: »Bleibt in Jerusalem und wartet auf den Geist, den mein Vater versprochen hat. Ich habe euch sein Kommen angekündigt, als ich euch sagte: ›Johannes hat mit Wasser getauft, aber ihr werdet schon bald mit dem Geist Gottes getauft werden.‹«

Die Versammelten fragten Jesus: »Herr, wirst du dann die Herrschaft Gottes in Israel wieder aufrichten?«

Jesus antwortete: »Mein Vater hat festgelegt, welche Zeiten bis dahin noch verstreichen müssen und wann es so weit ist. Ihr braucht das nicht zu wissen. Aber ihr werdet mit dem Heiligen Geist erfüllt werden, und dieser Geist wird euch die Kraft geben, überall als meine Zeugen aufzutreten: in Jerusalem, in ganz Judäa und Samarien und bis ans äußerste Ende der Erde.«

Während er das sagte, wurde er vor ihren Augen emporgehoben. Eine Wolke nahm ihn auf, sodass sie ihn nicht mehr sehen konnten.

Als sie noch wie gebannt nach oben starrten und hinter ihm hersahen, standen plötzlich zwei weiß gekleidete Männer neben ihnen. »Ihr Galiläer«, sagten sie, »warum steht ihr hier und schaut nach oben? Dieser Jesus, der von euch weg in den Himmel aufgenommen wurde, wird auf dieselbe Weise wiederkommen, wie ihr ihn habt weggehen sehen!«

**Ein neuer Anfang an Pfingsten**

Als das Pfingstfest kam, waren wieder alle, die zu Jesus hielten, versammelt. Plötzlich gab es ein mächtiges Rauschen, wie wenn ein Sturm vom Himmel herabweht. Das Rauschen erfüllte das ganze Haus, in dem sie waren. Dann sahen sie etwas wie Feuer, das sich zerteilte, und auf jeden ließ sich eine Flammenzunge nieder. Alle wurden vom Geist Gottes erfüllt und begannen in anderen Sprachen zu reden, jeder und jede, wie es ihnen der Geist Gottes eingab.

Nun lebten in Jerusalem fromme Juden aus aller Welt, die sich hier niedergelassen hatten. Als sie das mächtige Rauschen hörten, strömten sie alle zusammen. Sie waren ganz verwirrt, denn jeder hörte die Versammelten, die Apostel und die anderen, in seiner eigenen Sprache reden.

Außer sich vor Staunen riefen sie: »Die Leute, die da reden, sind doch alle aus Galiläa! Wie kommt es, dass jeder von uns sie in seiner Muttersprache reden hört? Wir kommen aus Persien, Medien und Elam, aus Mesopotamien, aus Judäa und Kappadozien, aus Pontus und aus der Provinz Asien, aus Phrygien und Pamphylien, aus Ägypten, aus der Gegend von Zyrene in Libyen und sogar aus Rom. Wir sind geborene Juden und Fremde, die sich der jüdischen Gemeinde angeschlossen haben, Insel- und Wüstenbewohner. Und wir alle hören sie in unserer eigenen Sprache die großen Taten Gottes verkünden!« Erstaunt und ratlos fragten sie einander, was das bedeuten solle. Andere machten sich darüber lustig und meinten: »Die Leute sind doch betrunken!«

**Die Pfingstpredigt des Apostels Petrus**

Da stand Petrus auf und die elf anderen Apostel mit ihm, und er rief laut: »Ihr Juden aus aller Welt und alle Bewohner Jerusalems! Lasst euch erklären, was hier vorgeht; hört mich an! Die Leute hier sind nicht betrunken, wie ihr meint; es ist ja erst neun Uhr früh. Nein, hier geschieht, was Gott durch den Propheten Joël angekündigt hat:

›Wenn die letzte Zeit anbricht, sagt Gott, dann gieße ich über alle Menschen meinen Geist aus. Männer und Frauen in Israel werden dann zu Propheten. Junge Leute haben Visionen und die Alten prophetische Träume. Über alle, die mir dienen, Männer und Frauen, gieße ich zu jener Zeit meinen Geist aus und sie werden als Propheten reden. Danach lasse ich erschreckende Zeichen erscheinen, unten auf der Erde und droben am Himmel: Menschen liegen erschlagen in ihrem Blut, Flammen und Rauchwolken steigen auf; die Sonne verfinstert sich und der Mond wird blutrot. So kündigt sich der große Tag des Herrn an, dem niemand entrinnen kann. Wer sich dann zum Herrn bekennt und seinen Namen anruft, wird gerettet.‹



Ihr Männer von Israel, hört, was ich euch zu sagen habe! Jesus von Nazaret wurde von Gott bestätigt durch die machtvollen und Staunen erregenden Wunder, die Gott durch ihn unter euch vollbracht hat; ihr wisst es selbst. Den habt ihr durch Menschen, die das Gesetz Gottes nicht kennen, ans Kreuz schlagen und töten lassen. So hatte Gott es nach seinem Plan im Voraus bestimmt. Und genau den hat Gott aus der Gewalt des Todes befreit und zum Leben erweckt; denn der Tod konnte ihn unmöglich gefangen halten.

Er wurde zu dem Ehrenplatz an Gottes rechter Seite erhoben und erhielt von seinem Vater die versprochene Gabe, den Heiligen Geist, damit er ihn über uns ausgießt. Was ihr hier seht und hört, sind die Wirkungen dieses Geistes! Alle Menschen in Israel sollen also an dem, was sie hier sehen und hören, mit Gewissheit erkennen: Gott hat diesen Jesus, den ihr gekreuzigt habt, zum Herrn und Christus gemacht.«

Dieses Wort traf die Zuhörer mitten ins Herz und sie fragten Petrus und die anderen Apostel: »Brüder, was sollen wir tun?«

Petrus antwortete: »Kehrt jetzt um und lasst euch taufen auf Jesus Christus;

lasst seinen Namen über euch ausrufen und bekennt euch zu ihm – jeder und jede im Volk! Dann wird Gott euch eure Schuld vergeben und euch seinen Heiligen Geist schenken. Denn was Gott versprochen hat, ist für euch und eure Kinder bestimmt und für alle, die jetzt noch fern sind und die der Herr, unser Gott, hinzurufen wird.«

Noch mit vielen anderen Worten beschwor und ermahnte sie Petrus. Und er sagte zu ihnen: »Lasst euch retten vor dem Strafgericht, das über diese verdorbene Generation hereinbrechen wird!«

Viele nahmen seine Botschaft an und ließen sich taufen. Etwa dreitausend Menschen wurden an diesem Tag zur Gemeinde hinzugefügt.

**Die erste Gemeinde**

Sie alle widmeten sich eifrig dem, was für sie als Gemeinde wichtig war: Sie ließen sich von den Aposteln unterweisen, sie hielten in gegenseitiger Liebe zusammen, sie feierten das Mahl des Herrn, und sie beteten gemeinsam.

Alle Menschen in Jerusalem wurden von ehrfürchtiger Scheu ergriffen; denn Gott ließ durch die Apostel viele Staunen erregende Wunder geschehen.

Alle, die zum Glauben gekommen waren, bildeten eine enge Gemeinschaft und taten ihren ganzen Besitz zusammen. Von Fall zu Fall verkauften sie Grundstücke und Wertgegenstände und verteilten den Erlös unter die Bedürftigen in der Gemeinde.

Tag für Tag versammelten sie sich einmütig im Tempel, und in ihren Häusern hielten sie das Mahl des Herrn und aßen gemeinsam, mit jubelnder Freude und reinem Herzen. Sie priesen Gott und wurden vom ganzen Volk geachtet. Der Herr aber führte ihnen jeden Tag weitere Menschen zu, die gerettet werden sollten.

## Philippus und der Minister aus Äthiopien

Der Engel des Herrn aber sagte zu Philippus: »Mach dich auf den Weg und geh nach Süden, zu der Straße, die von Jerusalem nach Gaza hinabführt!« Diese Straße wird kaum von jemand benutzt. Philippus machte sich auf den Weg und ging dorthin.

Da kam in seinem Reisewagen ein Äthiopier gefahren. Es war ein hoch gestellter Mann, der Finanzverwalter der äthiopischen Königin, die den Titel Kandake führt, ein Eunuch. Er war in Jerusalem gewesen, um den Gott Israels anzubeten. Jetzt befand er sich auf der Rückreise. Er saß in seinem Wagen und las im Buch des Propheten Jesaja.

Der Geist Gottes sagte zu Philippus: »Lauf hin und folge diesem Wagen!«

Philippus lief hin und hörte, wie der Mann laut aus dem Buch des Propheten Jesaja las. Er fragte ihn: »Verstehst du denn, was du da liest?«

Der Äthiopier sagte: »Wie kann ich es verstehen, wenn mir niemand hilft!« Und er forderte Philippus auf, zu ihm in den Wagen zu steigen.

Die Stelle, die er gerade gelesen hatte, lautete:



»Wie ein Lamm, wenn es zum Schlachten geführt wird, wie ein Schaf, wenn es geschoren wird, so duldete er alles schweigend, ohne zu klagen. Er wurde aufs tiefste erniedrigt; aber mitten in seiner Erniedrigung wurde das Urteil gegen ihn aufgehoben. Wer wird je seine Nachkommen zählen können? Denn von der Erde weg wurde sein Leben emporgehoben.«

Der Mann aus Äthiopien fragte: »Bitte, sag mir doch: Um wen geht es hier eigentlich? Meint der Prophet sich selbst oder einen anderen?«

Da ergriff Philippus die Gelegenheit und verkündete ihm, von dem Prophetenwort ausgehend, die Gute Nachricht von Jesus.

Unterwegs kamen sie an einer Wasserstelle vorbei, und der Äthiopier sagte: »Hier gibt es Wasser! Spricht etwas dagegen, dass ich getauft werde?« Er ließ den Wagen anhalten. Die beiden stiegen ins Wasser hinab, Philippus und der Äthiopier, und Philippus taufte ihn.
Als sie aus dem Wasser herausstiegen, wurde Philippus vom Geist des Herrn gepackt und weggeführt, und der Äthiopier sah ihn nicht mehr. Von Freude erfüllt setzte er seine Reise fort.
Philippus tauchte danach in Aschdod auf. Von dort zog er nach Cäsarea und verkündete unterwegs in allen Städten, durch die er kam, die Gute Nachricht.

**Die Bekehrung des Paulus**

Saulus verfolgte die Jünger und Jüngerinnen des Herrn voller Wut und mit schweren Drohungen. Er ging zum Obersten Priester und ließ sich Briefe an die jüdischen Gemeinden in Damaskus geben. Darin wurde ihm die Vollmacht erteilt, auch dort nach Anhängern der neuen Lehre zu suchen und sie gegebenenfalls – Männer wie Frauen – festzunehmen und nach Jerusalem zu schaffen.
Auf dem Weg nach Damaskus, kurz vor der Stadt, umstrahlte ihn plötzlich ein Licht vom Himmel. Er stürzte zu Boden und hörte eine Stimme: »Saul, Saul, warum verfolgst du mich?«
»Wer bist du, Herr?«, fragte Saulus.
Die Stimme sagte: »Ich bin Jesus, den du verfolgst! Aber steh auf und geh in die Stadt! Dort wirst du erfahren, was du tun sollst.«
Den Männern, die Saulus begleiteten, verschlug es die Sprache. Sie hörten zwar die Stimme, aber sie sahen niemand.
Saulus stand von der Erde auf und öffnete die Augen – aber er konnte nichts mehr sehen. Da nahmen sie ihn an der Hand und führten ihn nach Damaskus.
Drei Tage lang war er blind und aß nichts und trank nichts.

In Damaskus lebte ein Jünger namens Hananias. Dem erschien der Herr und sagte: »Hananias!«
»Ja, Herr«, antwortete er.
Der Herr sagte: »Steh auf, geh in die Gerade Straße in das Haus von Judas und frag nach Saulus aus Tarsus. Er ist dort und betet. In einer Vision hat er gesehen, wie ein Mann namens Hananias zu ihm kommt und ihm die Hände auflegt, damit er wieder sehen kann.«
Hananias antwortete: »Herr, ich habe von vielen Seiten gehört, wie viel Böses dieser Mann in Jerusalem deiner Gemeinde angetan hat. Und jetzt ist er hier und hat von den führenden Priestern die Vollmacht, alle zu verhaften, die sich zu deinem Namen bekennen.«
Aber der Herr sagte: »Geh nur hin! Gerade ihn habe ich als mein Werkzeug ausgesucht. Er wird meinen Namen den nichtjüdischen Völkern und ihren Herrschern bekannt machen und auch dem Volk Israel. Und ich will ihm zeigen, wie viel nun *er* für das Bekenntnis zu meinem Namen leiden muss.«
Da ging Hananias in jenes Haus. Er legte Saulus die Hände auf und sagte: »Bruder Saul, der Herr hat mich geschickt – Jesus, der dir unterwegs erschienen ist. Du sollst wieder sehen können und mit dem Heiligen Geist erfüllt werden.«
Im selben Augenblick fiel es Saulus wie Schuppen von den Augen und er konnte wieder sehen. Er stand auf und ließ sich taufen.
Saulus war erst ein paar Tage bei den Jüngerinnen und Jüngern in Damaskus, da ging er auch schon in die Synagogen und verkündete dort Jesus als den Sohn Gottes. Alle, die ihn hörten, waren außer sich und sagten: »Ist das nicht der, der in Jerusalem alle verfolgt hat, die sich zu Jesus bekannt haben? Er ist doch eigens hergekommen, um auch hier die Anhänger dieses Menschen festzunehmen und den führenden Priestern auszuliefern!«
Aber Saulus trat nur umso entschiedener auf und brachte die Juden in Damaskus völlig aus der Fassung, indem er aus den Heiligen Schriften nachwies, dass Jesus der versprochene Retter ist.
Nach einiger Zeit beschlossen die Juden, Saulus zu töten; aber er erfuhr davon. Um ihn in die Hand zu bekommen und beseitigen zu können, stellten sie sogar bei Tag und Nacht Wachen an die Stadttore. Da ließen ihn seine Jünger eines Nachts in einem Korb die Stadtmauer hinunter und verhalfen ihm so zur Flucht.

**Paulus kommt nach Europa**

In Troas hatte Paulus in der Nacht eine Vision: Er sah einen Mann aus Mazedonien vor sich stehen, der bat ihn: »Komm zu uns herüber nach Mazedonien und hilf uns!«

Darauf suchten wir sofort nach einem Schiff, das uns nach Mazedonien mitnehmen konnte. Denn wir waren sicher, dass Gott uns gerufen hatte, den Menschen dort die Gute Nachricht zu bringen.

Wir fuhren von Troas auf dem kürzesten Weg zur Insel Samothrake und am zweiten Tag erreichten wir Neapolis. Von dort gingen wir landeinwärts nach Philippi, einer Stadt im ersten Bezirk Mazedoniens, einer Ansiedlung von römischen Bürgern. Wir hielten uns einige Tage dort auf und warteten auf den Sabbat.

Am Sabbat gingen wir vor das Tor an den Fluss. Wir vermuteten dort eine jüdische Gebetsstätte und fanden sie auch. Wir setzten uns und sprachen zu den Frauen, die zusammengekommen waren.

Auch eine Frau namens Lydia war darunter; sie stammte aus Thyatira und handelte mit Purpurstoffen. Sie hielt sich zur jüdischen Gemeinde. Der Herr öffnete ihr das Herz, sodass sie begierig aufnahm, was Paulus sagte. Sie ließ sich mit ihrer ganzen Hausgemeinschaft, ihren Angehörigen und Dienstleuten, taufen.

Darauf lud sie uns ein und sagte: »Wenn ihr überzeugt seid, dass ich treu zum Herrn stehe, dann kommt in mein Haus und nehmt dort Quartier!« Sie drängte uns, die Einladung anzunehmen.

*Von Philippi aus reiste Paulus – so die griechische Form des jüdischen Namens Saulus – nach Thessalonich und wurde nach einem kurzen Aufenthalt in Beröa von den Brüdern weitergeschickt nach Athen.*

## **Paulus in Athen**

Die Brüder, die Paulus das Geleit gaben, brachten ihn bis nach Athen, dann kehrten sie zurück. Für Silas und Timotheus gab Paulus ihnen die Anweisung mit, sie sollten so bald wie möglich nachkommen.

Während Paulus in Athen auf die beiden wartete, war er im Innersten empört, weil die Stadt voll von Götzenbildern war. Er redete in der Synagoge zu den Juden und zu denen, die sich zur jüdischen Gemeinde hielten, und er sprach jeden Tag mit den Leuten, die er auf dem Marktplatz antraf.

Darunter waren auch Philosophen der epikureischen und stoischen Richtung, die mit ihm diskutierten. Einige von ihnen meinten: »Was will dieser Schwätzer eigentlich?« Andere sagten: »Er scheint irgendwelche fremden Götter zu verkünden.« Paulus hatte ihnen nämlich die Gute Nachricht von Jesus und der Auferstehung verkündet.

Sie nahmen ihn mit sich zum Areopag und wollten Näheres erfahren. »Uns interessiert deine Lehre«, sagten sie. »Manches klingt sehr fremdartig und wir würden gerne genauer wissen, was es damit auf sich hat.« Denn die Athener und die Fremden in Athen kennen keinen besseren Zeitvertreib, als stets das Allerneueste in Erfahrung zu bringen und es weiterzuerzählen.

Paulus trat in die Mitte des Areopags und sagte:

»Ihr Männer von Athen! Ich sehe, dass es euch mit der Religion sehr ernst ist.

Ich bin durch eure Stadt gegangen und habe mir eure heiligen Stätten angesehen. Dabei habe ich auch einen Altar entdeckt mit der Inschrift: ›Für einen unbekannten Gott‹. Was ihr da verehrt, ohne es zu kennen, das mache *ich* euch bekannt.

Es ist der Gott, der die Welt geschaffen hat und alles, was darin lebt. Als Herr über Himmel und Erde wohnt er nicht in Tempeln, die ihm die Menschen gebaut haben. Er ist auch nicht darauf angewiesen, von den Menschen versorgt zu werden; denn er selbst gibt ihnen das Leben und alles, was sie zum Leben brauchen.

Er hat aus einem einzigen Menschen die ganze Menschheit hervorgehen lassen, damit sie die Erde bewohnt. Für jedes Volk hat er im Voraus bestimmt, wie lange es bestehen und in welchen Grenzen es leben soll.

Und er hat gewollt, dass die Menschen ihn suchen, damit sie ihn vielleicht ertasten und finden könnten. Denn er ist ja jedem von uns ganz nahe. Durch ihn leben wir doch, regen wir uns, sind wir! Oder wie es einige eurer Dichter ausgedrückt haben: ›Wir sind sogar von seiner Art.‹

Wenn wir Menschen aber von Gottes Art sind, dann dürfen wir nicht meinen, die Gottheit gleiche den Bildern aus Gold, Silber und Stein, die von Menschen mit ihrer Erfindungskraft und Kunstfertigkeit geschaffen wurden!

Nun, Gott ist bereit, mit Nachsicht über das hinwegzusehen, was ihr bisher aus reiner Unwissenheit getan habt. Jetzt aber fordert er alle Menschen überall auf, umzudenken und einen neuen Anfang zu machen. Denn er hat einen Tag festgesetzt, an dem er über die ganze Menschheit ein gerechtes Gericht halten will, und zwar durch den Mann, den er dazu bestimmt hat. Ihn hat er vor aller Welt dadurch ausgewiesen, dass er ihn vom Tod auferweckt hat.«

Als sie Paulus von der Auferstehung reden hörten, lachten ihn einige aus; andere sagten: »Darüber musst du uns ein andermal mehr erzählen.«

Als Paulus darauf die Versammlung verließ, schlossen sich ihm ein paar Männer an und kamen zum Glauben, darunter Dionysius, der dem Areopag angehörte, außerdem eine Frau namens Damaris.

**Visionen von der Vollendung: Christus erscheint Johannes**

Ich, Johannes, euer Bruder, teile mit euch die Bedrängnis und die Hoffnung auf Gottes neue Welt und die Standhaftigkeit, die Jesus uns schenkt. Ich wurde auf die Insel Patmos verbannt, weil ich die Botschaft Gottes verkündet habe, alles, wofür Jesus als Zeuge einsteht.

Am Tag des Herrn nahm der Geist Gottes von mir Besitz. Ich hörte hinter mir eine laute Stimme, die wie eine Posaune klang. Sie sagte: »Schreib das, was du siehst, in ein Buch, und schicke es an die sieben Gemeinden in Ephesus, Smyrna, Pergamon, Thyatira, Sardes, Philadelphia und Laodizea!«

Ich wandte mich um und wollte sehen, wer zu mir sprach. Da erblickte ich sieben goldene Leuchter. In ihrer Mitte stand jemand, der aussah wie der Sohn eines Menschen. Er trug ein langes Gewand und hatte ein breites goldenes Band um die Brust. Sein Kopf und sein Haar strahlten wie weiße Wolle, ja wie Schnee. Seine Augen brannten wie Flammen. Seine Füße glänzten wie gleißendes Gold, das im Schmelzofen glüht, und seine Stimme klang wie das Tosen des Meeres. Er hielt sieben Sterne in seiner rechten Hand, und aus seinem Mund kam ein scharfes, beidseitig geschliffenes Schwert. Sein Gesicht leuchtete wie die Sonne am Mittag.

Als ich ihn sah, fiel ich wie tot vor seinen Füßen zu Boden. Er legte seine rechte Hand auf mich und sagte: »Hab keine Angst! Ich bin der Erste und der Letzte. Ich bin der Lebendige! Ich war tot, doch nun lebe ich in alle Ewigkeit. Ich habe Macht über den Tod und die Totenwelt.

Schreib alles auf, was du soeben gesehen hast und was dir noch offenbart wird über die Gegenwart und über das, was in Zukunft geschehen wird.

Du siehst die Sterne in meiner rechten Hand und die sieben goldenen Leuchter. Ich sage dir, was sie bedeuten: Die sieben Sterne sind die Engel der sieben Gemeinden und die sieben Leuchter sind die Gemeinden selbst.«

**Gottesdienst im Himmel**

Danach blickte ich auf, da sah ich im Himmel eine offene Tür. Die Stimme, die vorher zu mir gesprochen hatte und die wie eine Posaune klang, sagte:
»Komm herauf! Ich werde dir zeigen, was in Zukunft geschehen muss.«
Sofort nahm der Geist von mir Besitz und ich sah: Im Himmel stand ein Thron, und auf dem Thron saß einer. Er strahlte wie die Edelsteine Jaspis und Karneol. Über dem Thron stand ein Regenbogen, der leuchtete wie ein Smaragd. Um den Thron standen im Kreis vierundzwanzig andere Throne, darauf saßen vierundzwanzig Älteste. Sie trugen weiße Kleider und goldene Kronen.
Von dem Thron gingen Blitze aus und dröhnende Donnerschläge. Vor dem Thron brannten sieben Fackeln, das sind die sieben Geister Gottes. Im Vordergrund war etwas wie ein gläsernes Meer, so klar wie Kristall.
In der Mitte, in einem inneren Kreis um den Thron, waren vier mächtige Gestalten, die nach allen Seiten voller Augen waren. Die erste sah aus wie ein Löwe, die zweite wie ein Stier, die dritte hatte ein Gesicht wie ein Mensch, und die vierte glich einem fliegenden Adler. Jede der vier Gestalten hatte sechs Flügel, die innen und außen mit Augen bedeckt waren. Tag und Nacht rufen sie unaufhörlich:

»Heilig, heilig, heilig ist der Herr,
der Gott, der die ganze Welt regiert,
der war und der ist und der kommt!«

Immer wieder riefen die vier mächtigen Gestalten Preis, Ehre und Dank aus für den, der auf dem Thron sitzt und in alle Ewigkeit lebt. Und jedes Mal, wenn sie das taten, warfen sich die vierundzwanzig Ältesten nieder vor dem, der auf dem Thron sitzt, und beteten den an, der in alle Ewigkeit lebt. Sie legten ihre Kronen vor dem Thron nieder und sagten:

»Würdig bist du,
unser Herr und Gott,
dass alle dich preisen und ehren
und deine Macht anerkennen.
Denn du hast die ganze Welt
geschaffen;
weil du es gewollt hast, ist sie
entstanden.«

**Das Buch mit den sieben Siegeln**

In der rechten Hand dessen, der auf dem Thron saß, sah ich eine Buchrolle. Sie war innen und außen beschrieben und mit sieben Siegeln verschlossen. Und ich sah einen mächtigen Engel, der mit lauter Stimme fragte: »Wer ist würdig, die Siegel aufzubrechen und das Buch zu öffnen?« Aber es gab niemand, der es öffnen und hineinsehen konnte, weder im Himmel noch auf der Erde noch unter der Erde.

Ich weinte sehr, weil niemand gefunden wurde, der würdig war, das Buch zu öffnen und hineinzusehen. Da sagte einer der Ältesten zu mir: »Hör auf zu weinen! Der Löwe aus dem Stamm Juda und Nachkomme Davids hat den Sieg errungen. Er ist würdig; er wird die sieben Siegel aufbrechen und das Buch öffnen.«

Da sah ich direkt vor dem Thron, umgeben von den vier mächtigen Gestalten und vom Kreis der Ältesten, ein Lamm stehen. Es sah aus, als ob es geschlachtet wäre. Es hatte sieben Hörner und sieben Augen; das sind die sieben Geister Gottes, die in die ganze Welt gesandt worden sind.

Das Lamm ging zu dem, der auf dem Thron saß, und nahm die Buchrolle aus seiner rechten Hand. Und als es sie genommen hatte, warfen sich die vier mächtigen Gestalten und die vierundzwanzig Ältesten vor dem Lamm nieder. Jeder Älteste hatte eine Harfe und eine goldene Schale mit Weihrauch; das sind die Gebete der Menschen, die zu Gottes heiligem Volk gehören. Sie sangen ein neues Lied:

»Du bist würdig, das Buch zu nehmen
und seine Siegel aufzubrechen!
Denn du wurdest als Opfer
geschlachtet,
und mit deinem vergossenen Blut
hast du Menschen für Gott erworben,
Menschen aus allen Sprachen und
Stämmen,
aus allen Völkern und Nationen.
Zu Königen hast du sie gemacht
und zu Priestern für unseren Gott;
und sie werden über die Erde
herrschen.«

Dann sah und hörte ich Tausende und Abertausende von Engeln, eine unübersehbare Zahl. Sie standen rund um den Thron und die vier mächtigen Gestalten und die Ältesten und riefen mit lauter Stimme:

»Würdig ist das geopferte Lamm,
Macht zu empfangen, Reichtum und
Weisheit,
Kraft und Ehre, Ruhm und Preis!«

Und alle Geschöpfe in der Luft, auf der Erde, unter der Erde und im Meer – alles, was in der Welt lebt – hörte ich laut mit einstimmen:
»Preis und Ehre, Ruhm und Macht gehören ihm, der auf dem Thron sitzt, und dem Lamm, für alle Ewigkeit.«
Die vier mächtigen Gestalten antworteten: »Amen!« Und die Ältesten fielen nieder und beteten an.

**Der neue Himmel und die neue Erde**

Dann sah ich einen neuen Himmel und eine neue Erde. Der erste Himmel und die erste Erde waren verschwunden und das Meer war nicht mehr da.
Ich sah, wie die Heilige Stadt, das neue Jerusalem, von Gott aus dem Himmel herabkam. Sie war festlich geschmückt wie eine Braut für ihren Bräutigam.
Und vom Thron her hörte ich eine starke Stimme rufen: »Dies ist die Wohnstätte Gottes bei den Menschen! Er wird bei ihnen wohnen, und sie werden seine Völker sein. Gott selbst wird als ihr Gott bei ihnen sein. Er wird alle ihre Tränen abwischen. Es wird keinen Tod mehr geben und keine Traurigkeit, keine Klage und keine Quälerei mehr. Was einmal war, ist für immer vorbei.«
Dann sagte der, der auf dem Thron saß: »Gebt Acht, jetzt mache ich alles neu!«
Zu mir sagte er: »Schreib dieses Wort auf, denn es ist wahr und zuverlässig.«
Und er fuhr fort: »Es ist bereits in Erfüllung gegangen!
Ich bin das A und das O, der Anfang und das Ende. Wer durstig ist, dem gebe ich umsonst zu trinken. Ich gebe ihm Wasser aus der Quelle des Lebens.«

**Das neue Jerusalem**

Der Geist nahm von mir Besitz, und in der Vision trug mich der Engel auf die Spitze eines sehr hohen Berges. Er zeigte mir die Heilige Stadt Jerusalem, die von Gott aus dem Himmel herabkam. Sie strahlte die Herrlichkeit Gottes aus und glänzte wie ein kostbarer Stein, wie ein kristallklarer Jaspis. Sie war von einer sehr hohen Mauer mit zwölf Toren umgeben. Die Tore wurden von zwölf Engeln bewacht, und die Namen der zwölf Stämme Israels waren an die Tore geschrieben. Nach jeder Himmelsrichtung befanden sich drei Tore, nach Osten, nach Norden, nach Süden und nach Westen. Die Stadtmauer war auf zwölf Grundsteinen errichtet, auf denen die Namen der zwölf Apostel des Lammes standen.

Der Engel, der zu mir sprach, hatte einen goldenen Messstab, um die Stadt, ihre Tore und ihre Mauern auszumessen. Die Stadt war viereckig angelegt, ebenso lang wie breit. Der Engel maß die Stadt mit seinem Messstab. Sie war zwölftausend Wegmaße lang und ebenso breit und dick. Er maß auch die Stadtmauer. Nach dem Menschenmaß, das der Engel gebrauchte, war sie hundertvierundvierzig Ellen hoch.



Die Mauer bestand aus Jaspis. Die Stadt selbst war aus reinem Gold erbaut, das so durchsichtig war wie Glas. Die Fundamente der Stadtmauer waren mit allen Arten von kostbaren Steinen geschmückt. Der erste Grundstein ist ein Jaspis, der zweite ein Saphir, der dritte ein Chalzedon, der vierte ein Smaragd, der fünfte ein Sardonyx, der sechste ein Karneol, der siebte ein Chrysolith, der achte ein Beryll, der neunte ein Topas, der zehnte ein Chrysopras, der elfte ein Hyazinth und der zwölfte ein Amethyst. Die zwölf Tore waren zwölf Perlen. Jedes Tor bestand aus einer einzigen Perle. Die Hauptstraße der Stadt war aus reinem Gold, so durchsichtig wie Glas.

Einen Tempel sah ich nicht in der Stadt. Gott, der Herrscher der ganzen Welt, ist selbst ihr Tempel, und das Lamm mit ihm. Die Stadt braucht weder Sonne noch Mond, damit es hell in ihr wird. Die Herrlichkeit Gottes strahlt in ihr und das Lamm ist ihre Leuchte.

In dem Licht, das von der Stadt ausgeht, werden die Völker leben. Die Könige der Erde werden ihren Reichtum in die Stadt tragen. Ihre Tore werden den ganzen Tag offen stehen, mehr noch: Sie werden nie geschlossen, weil es

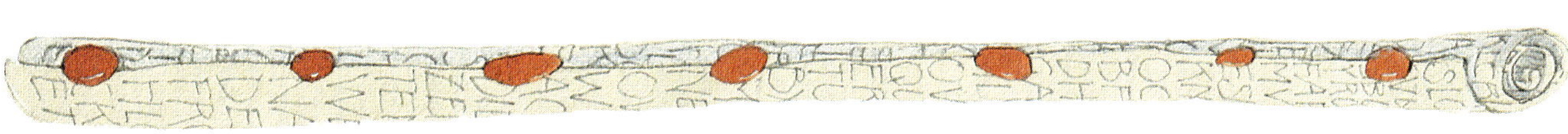

dort keine Nacht gibt. Pracht und Reichtum der Völker werden in diese Stadt gebracht. Aber nichts Unreines wird Einlass finden. Wer Götzen anbetet und sich nicht an die Wahrheit hält, kann die Stadt nicht betreten. Nur wer im Lebensbuch des Lammes aufgeschrieben ist, wird in die Stadt eingelassen.

Der Engel zeigte mir auch den Strom mit dem Wasser des Lebens, der wie Kristall funkelt. Der Strom entspringt am Thron Gottes und des Lammes und fließt in der Mitte der Hauptstraße durch die Stadt. An beiden Seiten des Flusses wachsen Bäume: der Baum des Lebens aus dem Paradies. Sie bringen zwölfmal im Jahr Frucht, jeden Monat einmal. Ihre Blätter dienen den Menschen aller Völker als Heilmittel. In der Stadt wird es nichts mehr geben, was unter dem Fluch Gottes steht.

Der Thron Gottes und des Lammes wird in der Stadt stehen. Alle, die dort sind, werden Gott als Priester dienen, sie werden ihn sehen, und sein Name wird auf ihrer Stirn stehen. Es wird keine Nacht mehr geben und sie brauchen weder Lampen- noch Sonnenlicht. Gott, der Herr, wird über ihnen leuchten, und sie werden in alle Ewigkeit als Könige herrschen.



**Jesus, der Herr kommt**

Der Engel sagte zu mir: »Diese Worte sind wahr und zuverlässig. Gott, der Herr, der den Propheten seinen Geist gibt, hat seinen Engel gesandt, um denen, die ihm dienen, zu zeigen, was sich in Kürze ereignen muss.«

»Gebt Acht! Ich komme bald!« – sagt Jesus Christus – »Freuen darf sich, wer die prophetischen Worte dieses Buches beherzigt.«

Ich, Johannes, bin es, der das alles gehört und gesehen hat. Als es vorüber war, warf ich mich vor dem Engel, der mir diese Dinge gezeigt hatte, nieder, um ihn anzubeten.

Er aber sagte: »Tu das nicht! Ich bin ein Diener Gottes wie du und deine Brüder, die Propheten, und wie alle, die sich nach den Worten dieses Buches richten. Bete Gott an!«

Dann sagte Jesus zu mir: »Du darfst das Buch, in dem diese prophetischen Worte stehen, nicht für später versiegeln; denn die Zeit ihrer Erfüllung ist nahe.

Wer Unrecht tut, mag es weiterhin tun. Wer den Schmutz liebt, mag sich weiter beschmutzen. Wer aber recht handelt, soll auch weiterhin recht handeln. Und wer heilig ist, soll weiter nach Heiligkeit streben.

Gebt Acht, ich komme bald, und euren Lohn bringe ich mit. Jeder empfängt das, was seinen Taten entspricht.
Ich bin das A und das O, der Erste und der Letzte, der Anfang und das Ende.
Freuen dürfen sich alle, die ihre Kleider reinwaschen. Sie empfangen das Recht, die Frucht vom Baum des Lebens zu essen und durch die Tore in die Stadt hineinzugehen.
Aber die Verworfenen, die Zauberer, die Ehebrecher und die Mörder müssen draußen vor der Stadt bleiben, und die Götzenanbeter und alle, die die Lüge lieben und entsprechend handeln.
Ich, Jesus, habe meinen Engel gesandt, um euch, den Propheten, zuverlässig mitzuteilen, was auf die Gemeinden zukommt. Ich bin der Wurzelspross und Nachkomme Davids. Ich bin der leuchtende Morgenstern.«
Der Geist und die Braut antworten: »Komm!« Wer dies hört, soll sagen: »Komm!« Wer durstig ist, soll kommen, und wer von dem Wasser des Lebens trinken will, wird es geschenkt bekommen.

**Bibelstellenregister**